Sénégal

Sociétés Africaines et Diaspora

Collection dirigée par Babacar SALL

Sociétés Africaines et Diaspora est une collection universitaire à vocation pluridisciplinaire orientée principalement sur l'Afrique et sa diaspora. Elle accueille également des essais et témoignages pouvant servir de matière à la recherche. Elle complète la revue du même nom et cherche à contribuer à une meilleure connaissance des réalités historiques et actuelles du continent. Elle entend également œuvrer pour une bonne visibilité de la recherche africaine tout en restant ouverte et s'appuie, de ce fait, sur des travaux individuels ou collectifs, des actes de colloque ou des thèmes qu'elle initie.

Déjà parus

Alawadi ZELAO (dir.), *Démocratisation au Cameroun, Scènes, arènes, règles et acteurs,* 2016.
Claude SUMATA (dir.), *Les migrants et l'investissement en Afrique,* 2014.
Ibrahima Abou SALL, *Les relations entre le Fuuta Tooro et l'émirat de Brakna, Un terreau d'expression machiavélique du colonialisme français (1850-1903)*, 2013.
Jean-Marcellin MANGA, *Jeunesse africaine et dynamique des modèles de la réussite sociale*, 2012.
Ibrahima SIGNATE, *L'Afrique condamnée à l'espoir*, 2012.
Mody NIANG, *Le clan des Wade. Accaparement, mépris et vanité*, 2011.
Mandiaye GAYE, *La problématique de la citoyenneté au Sénégal,* 2011.
Amadou-Mahtar M'Bow, *Aux sources du futur*, 2011.
Amadou-Mahtar M'Bow, *Le monde en devenir*, 2011.
Fadel DIA, *Wade-Mecum ou le wadisme en 15 mots-clés*, 2010.
Mamadi CAMARA, *Où va la Guinée? Mémorandum à un ami pour sauver notre pays*, 2010.
Aldo AJELLO, *Brasiers d'Afrique. Mémoires d'un émissaire pour la paix*, 2010,
Thierno DIOP, *Léopold Sédar Senghor, Majhemout Diop et le marxisme*, 2010.
Sidiki KABA, *La Justice universelle en question. Justice de blancs contre les autres*, 2010.

Momar-Sokhna DIOP

Sénégal

Diagnostic d'un pays candidat à l'émergence

Préface de Babacar SALL

L'Harmattan

Du même auteur

Gestion des ressources humaines dans les organisations, nouvelles approches, Paris, L'Harmattan, 2004.

Quelles alternatives pour l'Afrique ?, Paris, L'Harmattan, 2009.

Enseigner en banlieue, une mission possible, Lyon, Chronique sociale, 2015.

Construire ma recherche (co-production), Lyon, Chronique sociale, 2005.

5-7, rue de l'Ecole-Polytechnique, 75005 Paris

http://www.editions-harmattan.fr

ISBN : 978-2-343-16162-4
EAN : 9782343161624

Remerciements

Il est difficile de citer tous ceux et celles à qui je pense ou devrais penser. A tous ces amis je leur dis que j'associe leurs noms aux remerciements que je formule.

Merci Makhily Gassama. Grâce à ton soutien et à tes orientations éclairées, j'ai pu mobiliser les ressources théoriques nécessaires.

Doué Gnonséa, en dehors des conseils précieux que tu m'as donnés, je te remercie de m'avoir permis de connaitre les travaux de Cheikh Anta Diop et de m'inscrire sur la voie du panafricanisme nécessaire pour le développement des pays africains.

Je suis particulièrement reconnaissant à Babacar Sall *Professeur* comme on aimait l'appeler à Ndande notre commune natale. Babacar Sall est une personne très bien éduquée. Il est humble et toujours égal à lui-même. Plus qu'une préface, il balise les voies de l'édification d'une renaissance africaine possible. Merci Babacar.

J'exprime toute ma gratitude à mes collègues Jihane Aloui et Cédric Le Doze qui ont apporté les corrections nécessaires.

Merci à Anna-Gaëlle Jouaret qui a réalisé, avec beaucoup d'imagination, la couverture de l'ouvrage.

Je n'oublie pas Elodie Etheve qui nous a conseillé cette représentation de l'émergence. C'est un immense plaisir de travailler avec vous pour accompagner nos élèves vers la réussite.

A mon épouse Ndèye Aminata Niang et à nos enfants Médoune Ardo, Ndièmé et Marième Kem' t. A notre belle petite fille Yacine.

A mes parents et particulièrement à ma maman Khar Gueye. Que la santé soit avec toi des années et des années.

A mon oncle Moustapha Gueye et à sa famille.

A tous mes frères et sœurs. A mes cousins, cousines et à leurs familles. A tante Awa Diop et Séga Ndir sans oublier mon oncle Modou Diop et son épouse Ndèye Sokhna.

A mes beaux-parents Maman Awa Angèle Cissé et Papa Ardo Niang.

A mes beaux-frères et belles-sœurs Papa Ablaye, Bousso, Omar, Sokhna, Mame Diarra et Serge.

A tous mes amis et à leurs familles : Papa Alioune Mbaye et Penda, Cheikh Faye Sarré et Mame Diarra, El Hadj Kassé et Néné, Christiane et Pierre Bassène, Souhaibou Gassama et Néné, Cheikh Thiam et Ndèye Fall, Maguette Fall, Sidy Bouya, Malick Gningue et Marie Louise, Khadim Sylla, Franck Assiédou et Carine, Patrick Aimard et Nathalie, Francis Rauwell et Michèle, Sylvain et Aicha, Yamar et Sandra, Lamine Sadio et Viviane, Khalil et Amie, sans oublier Yvette, Georges Le Meur, Monique, Joachin Le Poitevin, Michel et Nicole Thibault. C'est grâce à votre générosité et votre soutien que j'ai pu trouver l'énergie et les ressources nécessaires.

Je dédie cet ouvrage à la diaspora africaine, sénégalaise en particulier. Grâce à votre engagement, nos familles restées au pays bénéficient de meilleures conditions de vie et continuent d'espérer.

A mes camarades de vision socialiste. Notre rencontre a beaucoup contribué à mon engagement politique pour le développement du Sénégal.

A mes compatriotes, frères et sœurs de Djoko Défar Ndande résidant au Sénégal et à la diaspora. C'est grâce à votre mobilisation, qu'ensemble, nous avons pu doter Ndande, notre chère commune natale, d'infrastructures scolaires et sanitaires de qualité.

Merci Ndèye Khady Kébé, Madame Bao. Nous te souhaitons du fond du cœur une santé de fer et une longue vie.

Merci à Cheikh Ibra Mbacké, à Pape Ndiaga Gaye et à El hadj Abdou Diakhaté pour toutes les prières que vous formulez pour le bien-être de la famille.

Une forte pensée à ceux qui nous ont quittés et qui ont toujours été disponibles et au service de Ndande. Je pense particulièrement à El hadj-Abdoulaye Fall Lamane Ndande et à Pape Lô. Que la terre leur soit légère !

Préface

Vers la fin du politicien !

En milieu ancestral, lorsqu'on demande à quelqu'un d'être le chef ou le porteur de l'intérêt général, il se tourne toujours vers l'assemblée pour en désigner un autre. C'est souvent par supplication collective qu'il finit par céder. Et lorsqu'en cours d'exercice de sa charge, il se rend compte que les moyens alloués au départ ne sont pas suffisants pour atteindre l'objectif assigné, il vend alors son bétail ou tout autre bien personnel pour honorer la confiance que le groupe a placée en lui. Transposés aux temps présents, ces principes délégataires de la responsabilité collective ne trouvent plus de répondant ni dans le mode de désignation du chef, ni dans l'exercice de la fonction élective ni même dans le comportement de l'élu. L'éthique de la responsabilité a laissé place à l'intérêt stricto-personnel. Comment en est-on arrivé là en Afrique en général et au Sénégal en particulier ? Qu'est-ce qui dans l'évolution politique, sociale, économique et culturelle du Sénégal a failli aux principes structurants qui régissaient nos sociétés d'alors ?

Des questions parmi d'autres que l'ouvrage de Momar-Sokhna Diop traite de manière didactique en faisant la radioscopie des maux qui entravent l'émergence voire le développement du Sénégal. Il s'agit d'une démarche holistique qui renvoie à de multiples temps historiques (esclavage, colonisation, indépendance), lesquels sont autant de moments mémoriaux dont les incidences sur la gouvernance continentale ont durablement affecté les capacités endogènes de l'Afrique.

La problématique sénégalaise est mal formulée par nombre de politiques publiques. Momar-Sokhna Diop le souligne avec pertinence dans sa revue critique des activités de l'économie nationale depuis l'indépendance. Quand un problème est mal posé, la solution devient, en effet, fausse. Lorsqu'il arrive que sa formulation soit en conformité par rapport aux poursuites collectives d'objectifs, autrement dit à l'intérêt national, la volonté politique ne la traduit pas toujours en actes ou la fait déboucher sur des solutions problématiques. C'est le cas des Assises nationales du Sénégal où, de manière inédite, le pays en majorité, dans ces pôles d'excellence, a fourni une expertise dans les secteurs significatifs et divers de la vie de la nation. Les recommandations opérationnelles qui en ont découlé auraient pu fournir un nouvel idéal mobilisateur aux forces vives du Sénégal. Elles auraient aussi, par ricochet, refondé l'ensemble du système institutionnel et asseoir les bases novatrices d'une orientation stratégique de notre développement.

L'élément marqueur d'un pays qui chemine à côté de son destin date de la fameuse crise de 1962. Momar-Sokhna Diop le montre si bien en relatant les courageuses réformes structurelles qu'entreprit le président Mamadou Dia aussi bien dans le monde rural, l'administration, l'économie que sur l'ensemble des régions par une politique volontariste d'aménagement du territoire.

Il créa ainsi dès l'indépendance en 1960 l'École Nationale d'Administration et de Magistrature (ENEA), puis l'École Nationale d'Économie Appliquée (ENEA), les coopératives, les centres d'animation et tant d'autres instruments de développement pour asseoir la souveraineté économique du Sénégal. Sa posture anti-système et souverainiste a dressé contre lui une forte coalition composée d'hommes politiques, de religieux et d'opérateurs économiques sénégalais (les commerçants-traitants en l'occurrence) dont les intérêts inféodés au système colonial furent menacés par les nouvelles options du pouvoir exécutif issu de l'indépendance. Il en paya le prix fort par une douzaine d'années carcérales.

C'est ce même système qui s'opposa à l'indépendance du Sénégal par une alliance de marabouts influents ayant fondé en 1959 le Parti de la Solidarité Sénégalaise (PSS), structure gaulliste et anti-indépendantiste. C'est cette même réseaucratie anti-patriotique qui soutiendra les régimes successifs depuis 1962 pour brader l'économie nationale au profit de puissances étrangères. Le Sénégal continue d'en subir les conséquences. Tout ce que l'on constate comme abandons de souveraineté politique, économique et culturelle est la conséquence de la victoire du système sur l'anti-système. Ce que Momar-Sokhna Diop considère, à cet égard, comme une alternance piégée (2000-2012), c'est-à-dire la période libérale ou antérieurement ce qu'il appelle l'inoculation *du virus de la dépendance extérieure* sous le magistère du président Léopold Sédar Senghor, s'inscrit également dans le même continuum de la soumission.

L'exemple du patronat sénégalais qui se sent dépossédé de son marché intérieur par des offres d'État privilégiant plus les entreprises étrangères que nationales est une récurrence de la politique de l'actuel régime. Le fond du problème est de savoir pourquoi nos gouvernants ont-ils plus peur de déplaire aux puissances étrangères qu'à leur propre peuple duquel ils tirent pourtant leur légitimité ? De quoi ont-ils vraiment peur ? Qui les pousse à exercer en toute impunité des violences extrêmes sur leurs administrés pour maintenir le statu quo de la dépendance ? Comment faire sauter le verrou politique qui empêche le pays de décoller et de renouer avec son propre destin ?

Le mal du système politique sénégalais est aussi l'électoralisme qui vectorise l'action publique vers des échéances électives toujours redondantes. Ces échéances ne mènent à aucune alternative bénéfique pour le pays, mais plutôt à des changements *du pire* qui font regretter les régimes antérieurs. A ceci s'ajoute la crise d'exemplarité quasi-générale de la société globale. Les jeunes Sénégalais qui émigrent et meurent en mer ne sont pas seulement en fuite de leur pays natal pour des raisons économiques, mais souffrent aussi de manque d'exemplarité et de modèle de référence. Ils sont arc-boutés, par ricochet, à des horizons brisés qui bouchent toutes perspectives d'avenir. Nous vivons en conséquence *le temps de la désillusion* qui est une période historique et inédite du Sénégal où les élargissements d'horizons que confère la mort sont plus attrayants que les propositions de vie précaire.

Les politiciens devraient s'interroger sur cette inversion négative des espérances collectives et les hiérarques religieux quant à eux aux responsabilités de cet effondrement moral et éthique de notre société menant au chaos social et à une impasse spirituelle. Quelle issue espérer alors dans cet effacement des repères, sinon revenir au système de valeurs du passé afin de mieux renégocier notre mode inscription dans le monde global qui nous dicte ses règles et contraintes parce que nous sommes collectivement en situation de défaut. Le mal sénégalais n'est pas seulement politique ou économique, mais le pire c'est qu'il est aussi religieux. Les dérives discursives auxquelles on assiste ces derniers temps ourdies par des responsables confrériques qui se donnent la liberté de défier Dieu jusque dans ses fondements les plus sacrés sans que la vindicte ne les rappelle à l'ordre sont les signes précurseurs d'un déclin qui annoncent la fin d'un monde et le début d'un autre.

Dans cet entre-deux s'installent en toute impunité la corruption, l'injustice, l'arithmétique pernicieuse du calcul d'intérêt individuel dans la politique et la religion. C'est pourquoi, les tribunaux rendent l'injustice au lieu de la justice, certains marabouts troquent l'orthodoxie de leur foi contre des privilégiatures d'État, et les politiciens affutent et parent le mensonge pour qu'il apparaisse plus beau que la vérité.

Dans ce contexte, l'émergence du Sénégal devient problématique. Elle appelle à des préalables qui n'ont pas été pris en compte dans l'élaboration des plans et des mécanismes qui ont fondé cette nouvelle utopie dont on peut se douter qu'elle puisse rendre l'homme politique meilleur pour porter la vraie émergence axée sur l'organisation, la justice, le sens de l'intérêt général, la souveraineté nationale, l'éthique de la responsabilité, le primat du développement et la fin du politicien.

Dr Babacar SALL

Sociologue et homme de lettres.

Avant-propos

Au début des années 1980, les institutions internationales telles que l'Organisation Mondiale de la Santé (OMS), le Fond Monétaire International (FMI) et le Programme des Nations Unies pour le Développement (PNUD) considéraient les pays africains comme pays sous-développés à cause de leurs situations sanitaires et économiques jugées très mauvaises. Cette expression a été remplacée par celle, moins péjorative, de Pays en Voie de Développement (PVD). Puis est apparu le concept de pays émergents définis comme étant « *des nations jouissant d'une croissance forte, soutenue sur une période suffisamment longue pour que l'économie du pays décolle et que le niveau de vie des populations augmente*[1] ». Le Produit Intérieur Brut (PIB[2]) constitue un des indicateurs utilisés. Sont aujourd'hui considérées comme pays émergents des nations comme le Brésil, l'Argentine, l'Inde, l'Indonésie, l'Arabie Saoudite, l'Afrique du Sud, l'Angola, etc.

En Afrique, le terme émergent est de plus en plus utilisé dans le vocabulaire politique. Il est devenu un slogan de marketing et de campagne électoraux très à la mode. On parle, un peu partout, d'émergence sans en maîtriser véritablement les différentes facettes. La question que je me pose maintenant est de savoir si des pays africains, comme, par exemple le Sénégal, pourraient espérer devenir émergents ?

---

[1] Sylvia Delannoy, *Géopolitique des pays émergents*, Paris, Presses universitaires de France, 2012.

[2] PIB : Il permet de mesurer la production de richesses d'un pays. Il correspond à la somme des valeurs ajoutées dégagées par les agents économiques à l'intérieur du pays.

C'est le pari du régime dirigé par le président Macky Sall au pouvoir depuis 2012. Je respecte et encourage cet engagement tout en émettant quelques réserves.

En effet, comment atteindre l'émergence lorsqu'on fait toujours appel aux institutions internationales pour financer tous ses projets économiques, ses programmes éducatifs et sanitaires ? Les beaux discours sur la croissance suffisent-ils alors que le niveau et les conditions de vie de la majorité de nos concitoyens ne changent pas de manière significative ? Est-ce raisonnable de parler d'émergence avec une économie qui offre peu d'emplois et alors que les nouvelles générations ne sont pas correctement formées pour occuper certains de ceux existants ? Comment atteindre l'émergence lorsque la gouvernance d'État n'est ni sobre ni vertueuse et que la corruption continue d'être organisée et entretenue par ceux qui sont censés la combattre ?

Des voix continuent de s'élever pour dire que l'esclavage qui a vidé le continent de ses forces vives et la colonisation qui a pillé et laissé sur place une économie extravertie et désarticulée, sont responsables des maux de l'Afrique. C'est en partie exact.

Victor Bouadjio nous rappelle que « *l'esclavage, la colonisation et le néocolonialisme constituent des handicaps dont l'Afrique mettra encore beaucoup de temps à se défaire pour construire son développement*[3] ». C'est ce que confirme Boubacar Joseph Ndiaye qui a démontré à quel point la traite négrière fut meurtrière et dévastatrice pour le continent. Effectivement, *« elle bouleversa les structures politiques des États et bafoua quotidiennement les normes et les valeurs morales*

[3] Victor Bouadjio, *Esclavage, 150 ans après*, Institut de monde noir, 1992.

traditionnelles[4] ». Des millions d'Africains furent capturés et vendus sur les marchés comme des animaux. Des hommes, des femmes et des enfants étaient séparés, puis entassés dans les soutes des bateaux qui les emmenaient en Amérique et notamment aux Antilles. Cette main-d'œuvre gratuite, triée et sélectionnée, travaillait jusqu'à l'épuisement dans les exploitations de coton, de canne à sucre, de tabac ou de café. Cet esclavage-là ne ressemblait en rien à celui des sociétés antiques, car il déniait aux *Nègres* la qualité d'êtres humains. Et cela dura plus de trois siècles.

Louise Marie Diop rajoute que « *les conséquences des traites sont lourdes et pernicieuses, mais beaucoup n'en mesurent pas encore l'importance. La traite a eu des effets considérables sur le continent noir, tant en ce qui concerne sa démographie que ses structures et son développement économiques*[5] ».

Ces crimes contre l'humanité expliqueraient les problèmes auxquels l'Afrique est actuellement confrontée. Au-delà de ces faits historiques, nous donnons également une importante part de responsabilité aux élites politiques qui continuent de faire du pouvoir un moyen d'enrichissement. La gouvernance d'État constitue le fléau majeur. Partout en Afrique subsaharienne, le pouvoir est exercé de manière antidémocratique. Les populations ne s'expriment pas librement et leurs doléances ne sont jamais satisfaites par ceux qui sont censés les représenter au sein des institutions de la République. En effet, les

---

4 Boubacar Joseph Ndiaye, *Il fut un jour à Gorée, l'esclavage raconté à nos enfants*, Michel Lafon, 2006.

5 Louise Marie Diop in *Le Monde diplomatique*, novembre 2007. *Afrique noire, démographie, sol et histoire*, Présence africaine, 1996.

régimes patronaux sont aujourd'hui responsables du pillage organisé des pays africains. Les actions politiques qu'ils mettent en œuvre ne sont guère à même de préparer les pays à faire face aux défis imposés par la mondialisation.

Le Sénégal est profondément affecté par ce vice de gouvernance qui fait que nos concitoyens ont de moins en moins accès à l'école publique, à l'emploi, à la nourriture, aux soins médicaux de base, à un logement décent, à l'eau potable et à l'électricité.

Ayons le courage de l'avouer haut et fort. La raison pour laquelle le Sénégal se retrouve dans cet état est que, souvent, toutes les ressources, qui doivent servir à assurer le bien-être des populations, sont mal utilisées, gaspillées ou pillées par une minorité de privilégiés qui n'ont qu'un objectif : consolider leurs pouvoirs, leurs avoirs et leurs conforts personnels.

Vous allez penser : encore un livre de plus, identique à la majorité des autres. Eh bien oui ! En effet, celui-ci va au-delà de la dénonciation. Il rappelle clairement que le Sénégal ne va pas bien mais pourrait aller beaucoup mieux. Ce pays possède d'énormes atouts qu'il a jusqu'à présent mal exploités, car les personnes qui le gouvernent ne sont pas toujours à la hauteur des transformations nécessaires pour accéder à l'émergence. En effet, la plupart d'entre elles exercent le pouvoir, depuis longtemps, et n'ont jamais démontré l'engagement nécessaire pour sortir le pays de la situation périlleuse dans laquelle il se trouve confiné depuis des décennies. Leur comportement vis-à-vis des deniers publics ne fait pas d'elles des exemples. Les actes qu'elles posent ne répondent presque jamais aux attentes les plus élémentaires des populations qui les ont élues.

Cet ouvrage donne également, à tout citoyen du monde, l'occasion de s'indigner du fait que partout, le discours l'emporte largement sur l'action. Pour être élus, les candidats aux postes politiques mobilisent d'importants budgets pour leur communication, leur promotion et leur prestige personnels. Ils sont manipulés ou influencés par les médias et les outils modernes de la communication à tel point qu'ils ne parviennent pas à se comporter en leaders capables de prendre les bonnes mesures et d'impulser les changements nécessaires. Ils utilisent dès lors le mensonge, la transhumance et la corruption pour être élus.

Ce n'est pas le cas de tous mais pour la majorité d'entre eux. Aussi, le fait d'avoir un projet de société cohérent, à long terme, solide, bien articulé et réalisable, ne suffit plus. Souvent les candidats proposent un millefeuille de promesses qui sont impossibles à tenir. Certains profitent des crises sociales comme par exemple celle de la migration pour faire de la récupération et construire leurs arguments de campagne. C'est le cas du Front national (FN) en France qui utilise les difficultés des Français pour capter des électeurs.

Philippe Braud le constate et affirme que « *la soumission des gouvernants aux impératifs électoraux, de même que la résistance des groupes d'intérêts catégoriels pousseraient à l'adoption d'arrangements qui biaisent d'emblée la manière de poser les problèmes ou défigurent la cohérence initialement souhaitée d'une politique*[6] ».

[6] Philippe Braud, *Science politique, l'État*, Paris, Éditions Seuil, 1997.

Aujourd'hui, nos concitoyens se demandent s'ils vont continuer de voter pour ces politiciens qui, une fois au pouvoir, rangent aux oubliettes leurs propres promesses annoncées pendant les campagnes électorales. Avec légèreté et sans scrupule, ils pensent arriver à se débarrasser de leurs responsabilités en évoquant la crise, l'absence de croissance et de compétitivité. Pourtant, ils n'hésitent pas un instant à augmenter la fiscalité des contribuables ou à créer d'autres impôts ou taxes pour combler les déficits et les besoins budgétaires de l'État. Aussi, les dirigeants des grandes entreprises qu'ils parrainent et avec lesquels ils nouent des partenariats ou qu'ils subventionnent grâce à l'argent public, continuent d'accroître leurs dividendes et de les protéger dans des paradis fiscaux pour échapper à leurs obligations fiscales. Ils ne se privent pas non plus d'augmenter le train de vie de l'État.

Ce phénomène est plus récurrent en Afrique où la plupart des chefs d'État organisent dans leurs cercles de familles et d'amis, en tant que prête-noms, un vrai pillage des richesses nationales. Seule la course à l'accumulation de biens matériels compte pour eux.

Au Sénégal, depuis notamment l'alternance de mars 2000, l'État présente des symptômes inquiétants. En effet, l'exercice du pouvoir constitue une source intarissable d'enrichissements illicites que les professionnels de la politique savent exploiter sans retenue. Et cela persiste à une échelle insoupçonnée. Les postes politiques sont souvent attribués dans le but d'organiser la concussion et de capter des commissions très juteuses, issues des accords scélérats de partenariat qu'ils signent avec des pays étrangers. Certains partis politiques en ont conscience et du coup cherchent à nouer des alliances avec la majorité au pouvoir pour obtenir des quotas de postes ministériels ou de direction.

Dans son ouvrage programmatique pour la présidentielle de février 2019, Ousmane Sonko rappelle que « *le gaspillage et le pillage constituent les moyens de dilapidation des ressources du pays*[7] ». Il s'agit des dépenses politiques fantaisistes avec la démultiplication de ministères, de la création tous azimuts d'institutions politiques et d'agences, uniquement pour placer une clientèle politique de partisans et d'alliés. Toutes ces institutions inutiles provoquent une hausse irrationnelle de la masse salariale, des dépenses de fonctionnement de l'État et des collectivités locales. Il en découle de ces pratiques des carences dans tous les domaines : une pauvreté extrême et des problèmes liés à l'absence d'autosuffisance dans tous les secteurs d'activité.

D'un point de vue culturel, le manque d'éthique affecte toutes les couches sociales et provoque des attitudes qui ne correspondent pas aux valeurs que nous ont léguées nos ancêtres. Cela dit, les Sénégalais espèrent que l'image tout de même positive du pays et les richesses naturelles potentielles annoncées génèrent de la valeur ajoutée, partagée par tous. Ils aimeraient plus de justice sociale, des mesures concrètes pour lutter contre le chômage, pour un meilleur accès à l'éducation et à la santé, des solutions et des alternatives aux logiques d'asservissement et de paupérisation dans lesquelles ils se trouvent confinées depuis plusieurs années.

---

[7] Ousmane Sonko, *Solutions, pour un Sénégal nouveau*, Dakar, septembre 2018.

Le changement est possible grâce à une meilleure gouvernance d'État. Nous en avons la profonde conviction. Il est possible si les ressources du pays sont mieux gérées et mieux investies.

Sur le plan économique, le Sénégal produit toujours ce qu'il ne consomme pas et consomme ce qu'il ne produit pas, déclenchant ainsi un important changement culturel, moteur de la misère devenue endémique sur toute l'étendue du pays. Aussi, le chômage touche de plus en plus les jeunes diplômés et surtout ceux qui sortent du système scolaire sans qualification. Leur nombre est inquiétant. Trouver un travail est devenu extrêmement difficile dans ce pays, surtout depuis que le secteur agricole, qui servait d'appoint à l'économie, s'est dégradé, entraînant ainsi l'exode voire l'émigration massive des populations rurales.

Par ailleurs, les femmes, qui constituent une force démographique incontestable, continuent de jouer les seconds rôles. Les activités qu'elles exercent dans l'économie du pays sont importantes même si la plupart d'entre elles se font de manière informelle. Elles assurent une part importante des dépenses quotidiennes notamment alimentaires. Elles sont souvent chargées de l'éducation des enfants et de l'essentiel des tâches ménagères qui sont d'une lourdeur extrême.

Confrontés à toutes ces difficultés, les jeunes sont devenus candidats à l'exode vers l'Europe. Ils quittent leur pays parce qu'ils n'y ont pas d'avenir. Ceux qui y restent s'aventurent dans des guerres tribales, ethniques ou religieuses quand le développement économique n'atteint pas ses objectifs. Pourtant, en toutes occasions, les responsables politiques leur promettent une émergence dont ils ne sentent pas les odeurs.

Aujourd'hui, les migrations posent de sérieux soucis. Elles interpellent et mobilisent toute la communauté internationale. Elles créent de fortes tensions, des divisions politiques et des disputes sur la meilleure façon de traiter et de résoudre cette crise. Mais comment en est-on arrivé là ? Afin de répondre à cette question, il s'avère important de préciser que la migration n'est pas un phénomène nouveau. Elle a toujours existé dans l'histoire des peuples. Les migrants subsahariens arrivaient en France dans le cadre d'un projet temporaire de travail. Cette migration s'est accélérée notamment de 1956 à 1972 avec la décolonisation et l'entrée en vigueur le 1er janvier 1958 du traité de Rome, qui instaure le principe de libre circulation des personnes.

Il s'agissait principalement d'une migration masculine des populations originaires de la vallée du fleuve Sénégal. En France, les personnes issues de l'immigration occupent le plus souvent des emplois qui exigent peu de qualification dans les secteurs de l'industrie automobile, de la voirie, du bâtiment et de la restauration collective.

Dans les années 1980, la dégradation des économies africaines et les Politiques d'Ajustements Structurels (PAS) imposées par le Fond Monétaire International et la Banque Mondiale accélèrent les migrations vers l'Occident. L'immigration explose. Elle concerne toutes les couches sociales et actuellement de plus en plus les classes moyennes voire les cadres supérieurs et les professions libérales. Elle devient massive et plus durable.

Les Africains fuient leurs pays à cause de la pauvreté, des changements climatiques, des conflits, des répressions et des violations des droits de l'Homme. Aujourd'hui, où va-t-on avec un secteur de la santé où la plupart des établissements font le tri des malades sur le seul critère de la rentabilité ? Où va-t-on quand l'État encourage la prolifération des écoles privées élitistes au détriment de l'école publique ? Où va-t-on lorsque les agriculteurs, les éleveurs, les pêcheurs, les transporteurs, les artistes, les professionnels du tourisme, les personnels de la santé, les maraichers, les commerçants et les employés ne peuvent plus vivre des fruits de leurs activités et qu'en même temps l'argent de leurs impôts est mal dépensé voire pillé ? Comment développer un pays alors que la majorité des jeunes sortent du système éducatif sans qualification et que les femmes sont toujours considérées comme des agents économiques de second rôle ? Comment éviter la corruption lorsque ceux qui doivent la combattre sont ceux qui contribuent le plus à sa prolifération ? Ce sont les raisons pour lesquelles les populations quittent leurs pays.

Les principales destinations sont l'Italie, l'Espagne, le Portugal, l'Angleterre, l'Allemagne et la France. Les raisons sont simples : d'une part parce que ces pays constituent les anciens colonisateurs de l'Afrique noire et d'autre part, parce que la politique sociale et le système de solidarité de ces pays sont plus attractifs.

En tous cas, tous ces pays d'Europe sont aujourd'hui déstabilisés, car ils sont affectés par le chômage de masse et par une immigration incontrôlable. Les perspectives d'insertion professionnelle, espérées par les candidats à la migration, sont maigres. La migration provoque surtout des catastrophes humaines. Rien qu'en 2015, environ 4 000 personnes sont mortes noyées dans leur périple pour rejoindre l'Europe et cela s'aggrave tous les jours.

L'humanité tout entière en parle sauf les États africains qui sont en partie responsables de ce désastre.

En effet, comme le constate Makhily Gassama, « *c'est l'échec de toutes nos politiques de développement ; l'échec de nos élites, qu'elles soient politiques surtout politiques-intellectuelles et économiques depuis la proclamation de nos fameuses indépendances ; cet échec constitue les vraies causes de ces déplacements massifs des populations africaines*[8] ». Nous n'avons pas réussi à nous imposer sur le globe comme les autres continents en dépit de nos immenses richesses naturelles, en dépit de nos valeurs culturelles évidentes. Pourquoi ? Par manque de courage politique. Les politiques bradent notre dignité sans état d'âme sous le prétexte d'un realpolitik qui ne sert que leurs intérêts personnels et ceux de leurs complices extérieurs. Quant à nos relations avec le monde extérieur, nous nous sommes contentés de nous livrer et livrer nos pays à des puissances étrangères comme aucun continent ne l'a fait, et courir après des fauteuils, souvent en pataugeant dans le sang de nos concitoyens avec le seul souci de les conquérir ou de s'y maintenir confortablement.

L'Europe, principal foyer d'accueil, est en permanente recherche de solutions. En France, le ministre de l'intérieur propose plusieurs mesures qui cherchent à faire converger les procédures françaises avec les pratiques européennes, à réduire à six mois les délais d'examen de la demande d'asile et à ramener à 90 jours la durée maximale de rétention au lieu de 45. Ces mesures, très critiquées par les associations, divisent également la

[8] Makhily Gassama, *Le geste de la Libye, met à nu nos échecs* in Sud Quotidien, Interview N° 7362 du mercredi 22 novembre, 2017.

majorité présidentielle. En effet, l'objectif principal est bien évidemment de faciliter les expulsions qui ne résoudront pas le problème, car comme le prévoyait le président Abdou Diouf, en 1991, dans le journal Figaro lorsqu'il plaidait pour un maintien de l'aide au continent africain « *les pays du Nord risquent d'être envahis d'une multitude d'Africains qui, poussés par la misère, déferleront par vagues. Et ils auront beau faire des législations contre l'émigration, ils ne pourront pas arrêter ce flot, car on n'arrête pas la mer avec ses bras... Il faut que les populations du Nord sachent qu'avec le Sud elles vivent dans le même village planétaire. Leur intérêt est d'aider l'Afrique à se développer*[9] ».

Près de 30 années après ces déclarations, on constate que le nombre de migrants augmente de manière exponentielle. L'aide au développement affecté particulièrement à l'Afrique subsaharienne baisse de 0,7 % en 2016 et diminue de 141 millions d'euros en 2018 pour la part française comme l'annonce le ministre des comptes publics Gérald Darmanin. Mais, l'aide publique au développement aide-t-elle vraiment l'Afrique? L'Afrique est-elle capable de soutenir son propre développement sans être assistée ? Ce sont ces questions que devait se poser Abdou Diouf et que ses successeurs et collègues au pouvoir doivent se poser. Cette aide peut être utile si elle est bien utilisée. Le problème est qu'elle est souvent détournée par les dirigeants.

On voit bien que les autorités peinent à trouver des réponses et des solutions efficaces face à la migration. C'est ce que constate Toumany Mendy qui démontre que

[9] *Le siècle de l'Afrique, réussites, défis et migration,* Le Point, N°2370, 02/2018.

« le phénomène gangrène les rapports entre l'Europe et l'Afrique parce que l'Europe ne prend pas en compte les vraies causes du problème[10] *»*. Les politiques néocoloniales, voulues et entretenues par toute notre classe politique, sont à l'origine des guerres et des instabilités qui poussent les citoyens à fuir leurs pays.

Nous invitons toutes les personnes et tous les États qui nouent des partenariats avec les pays africains à regarder les responsables politiques dans les yeux et d'attirer leur attention sur la nécessité de changer de comportement face aux biens publics. Nous nous adressons particulièrement à la France pays le plus présent au Sénégal. Si cette démarche n'est pas engagée, si dans les années à venir le Sénégal ne dispose pas d'infrastructures éducatives, économiques et sanitaires décentes, la vague d'immigration va continuer à déferler et aucun pays ne pourra la stopper. L'insécurité et les mouvements extrémistes prospéreront, les actions terroristes se multiplieront et constitueront des menaces contre l'humanité tout entière.

---

[10] Toumany Mendy, *L'immigration clandestine*, Paris, L'Harmattan, 2009.

Première partie

Forces et faiblesses du Sénégal

Comme toutes les nations, le Sénégal possède des forces mais aussi des faiblesses. Il a également des opportunités à saisir. Il doit faire face aux différentes menaces qui pourraient lui être nuisibles.

D'une superficie de 196 722 kilomètres carrés, le Sénégal est situé en Afrique occidentale. Il est limité au nord par la Mauritanie, au sud par la Guinée-Bissau et la Guinée-Conakry, à l'est par le Mali et à l'ouest par le Cap Vert. Il est traversé en son centre par la Gambie qui s'étend sur 11 300 kilomètres carrés et qui compte 1 900 000 habitants.

Au Sénégal, le climat est caractérisé par une longue saison sèche qui dure 9 mois et par une saison des pluies appelée « *l'hivernage* » qui s'étale sur 3 mois. Depuis son indépendance, le pays connaît des sécheresses dont la conséquence directe est la dégradation des activités agricoles, de la faune et de la flore.

Sur le plan démographique, la population du Sénégal a fortement augmenté depuis 1960 passant de 3 à 15 millions d'habitants.

Selon l'Agence Nationale de la Statistique et de la Démographie (ANSD), la population du Sénégal se caractérise par sa jeunesse. La moyenne d'âge est de 22 ans, dont 45 % ont moins de 15 ans. Elle compte également plus de femmes que d'hommes : 52 % contre 48 %. Elle se compose d'une vingtaine de groupes ethniques dont les principaux sont : les wolofs, les sérères, les diolas, les mandings, les toucouleurs, les soninkés, les peuls. Ces ethnies ont toujours cohabité ensemble dans une parfaite entente. La plupart des Sénégalais parlent et/ou comprennent le wolof, la langue la plus représentative. Cependant, la langue officielle est le français.

Sur le plan économique, le Sénégal s'est longtemps appuyé sur le secteur primaire agricole. Il s'agit d'une économie de traite dominée par la culture de l'arachide. Les secteurs de la pêche et des phosphates apportent des devises mais ne permettent pas au pays de faire face à ses besoins budgétaires. C'est pourquoi, les autorités font souvent appel aux institutions internationales pour équilibrer le budget de l'État. Aujourd'hui, le Sénégal compte s'appuyer sur ses récentes découvertes de pétrole et de gaz pour construire son émergence.

Chapitre 1
Une stabilité sociale et une diplomatie active

Le Sénégal est politiquement l'un des pays les plus stables d'Afrique subsaharienne. Depuis 1960, année à laquelle il a accédé à l'indépendance, il ne connaît pas de coup d'État. Globalement, les changements de régime se font pacifiquement grâce à l'organisation d'élections.

Il s'agit d'un pays dont la diplomatie lui permet de bénéficier d'une notoriété internationale. Son exécution est confiée au ministre des Affaires étrangères et des Sénégalais de l'extérieur. Toutefois, c'est le président de la République qui est le garant absolu de la politique extérieure. Il lui revient de concevoir et d'impulser l'action diplomatique du pays dans ses multiples facettes.

Depuis son accession à l'indépendance, le Sénégal a eu des approches diplomatiques différentes : une approche culturelle incarnée par le président Léopold Sédar Senghor, une vision politique établie par Abdou Diouf et une démarche économique mise en place par Abdoulaye Wade. Chacun de ces présidents a travaillé, à sa manière, à faire de la diplomatie sénégalaise ce qu'elle est devenue.

Léopold Sédar Senghor a utilisé la culture pour hisser l'image du Sénégal au niveau international. Il a été à l'origine de la Francophonie et de plusieurs réalisations culturelles comme le premier festival des arts nègres, organisé du 1er au 24 avril 1966 avec la collaboration de la revue Présence africaine dirigée par Alioune Diop.

Son successeur, Abdou Diouf, s'était servi de la présidence de l'Organisation de l'Unité Africaine (OUA) et de la lutte contre l'apartheid pour promouvoir fièrement la diplomatie sénégalaise à travers le monde.

Avec Abdoulaye Wade, la diplomatie s'est davantage illustrée au niveau de la médiation, avec l'ambition d'éteindre les foyers de tensions liées aux transitions politiques au Togo et au Gabon suite aux décès d'Eyadema et d'Omar Bongo. Abdoulaye Wade s'est également mobilisé pour la mise en place de nouveaux partenariats économiques surtout pour développer les infrastructures routières du Sénégal.

L'élection de Macky Sall, dans la forme, renforce toutes ces relations diplomatiques. Elle consolide l'image de marque du pays et semble favoriser la présence d'investisseurs. Il s'agit d'une opportunité à saisir pour impulser le développement économique du pays. L'urgence est l'émergence économique, et les affaires étrangères doivent servir à aiguiller cette ambition.

Rappelons que la diplomatie sénégalaise s'est toujours organisée avec des services centraux et des postes permanents à l'étranger appelés services extérieurs. Depuis 1960, les activités des diplomates sénégalais se sont progressivement élargies et ont permis de renforcer et de consolider les relations de partenariats qu'entretient le Sénégal avec les pays étrangers sur les plans politique, culturel, économique, scientifique et technologique.

C'est le constat d'Ibrahima Séne qui démontre « *que le Sénégal s'est toujours positionné sur l'échiquier diplomatique sous-régional, régional et mondial, comme un acteur dynamique*[11] ». Le pays a, en effet, souvent montré sa volonté politique de se rapprocher de ses voisins. A l'aube de l'indépendance, il a lutté avec hargne

[11] Ibrahima Séne, *La diplomatie sénégalaise de Léopold Sédar Senghor à Abdoulaye Wade*, Paris, L'Harmattan, 2013.

pour créer la Fédération du Mali sous le régime de Léopold Sédar Senghor. Une seconde expérience a été tentée en 1982 avec la création de la Confédération de la Sénégambie sous le régime d'Abdou Diouf. Même si ces deux initiatives n'ont pas atteint leurs objectifs, le pays continue à travailler pour le renforcement de l'intégration africaine.

Le « *New Partnership for Africa's Development* (NEPAD)[12] » reste également une initiative que nous saluons. Il est issu de trois actions parallèles. La première action correspond au Partenariat du Millénium pour le programme de redressement de l'Afrique (MAP), conduit par l'ancien président sud-africain Thabo Mbéki. La seconde initiative est le plan Omega conçu par le président Abdoulaye Wade et présenté au sommet de la Francophonie au Cameroun, en janvier 2001. Le MAP et le plan Oméga ont été, par la suite, fusionnés pour donner naissance à une troisième initiative, « *the New african initiative*[13] » (NAI) qui a abouti au NEPAD en 2001.

Pour notre part, le NEPAD constitue un cadre de réflexion stratégique qui aurait pu donner un nouvel élan à l'intégration régionale. Ce que nous regrettons c'est de constater que la plupart des projets qu'il a permis d'élaborer se sont mal réalisés parce que les partenaires bilatéraux et multilatéraux n'ont pas respecté leurs promesses. Ils se disent ne plus être en mesure de financer l'intégralité des cahiers des charges prévus dans les accords de partenariats. Le NEPAD reste un des nombreux plans confinés dans les manuels de l'histoire économique

---

[12] NEPAD, *Le Nouveau partenariat pour le développement de l'Afrique.*

[13] NAI signifie, La Nouvelle initiative pour l'Afrique.

africaine, des projets qui ont mobilisé des énergies et qui finalement n'ont pas permis aux États africains de sortir de la pauvreté et de la dépendance vis-à-vis de la finance internationale.

Mis à part ces constatations, la diplomatie sénégalaise se présente comme une affaire très sérieuse. La plupart des Sénégalais sont nostalgiques des années 1970/1980, non pas parce qu'ils étaient d'accord sur tout ou parce qu'ils partageaient les mêmes convictions que le parti socialiste qui avait établi les fondements de la diplomatie sénégalaise, mais parce que les représentants diplomatiques de l'État savaient défendre avec brio, élégance et mesure, les positions du pays sur la scène internationale. La diplomatie sénégalaise a également renforcé l'action de l'Union Africaine notamment grâce à la création, sous Abdou Diouf, d'un ministère chargé de l'intégration africaine. Cette infrastructure s'était immédiatement engagée pour résoudre le conflit tchadien, le problème frontalier entre le Mali et le Burkina Faso. Face à ces brûlants dossiers, le président Abdou Diouf s'était rendu à Abidjan, à Antananarivo, à Cotonou et à Alger, pour trouver des solutions collectives et pour donner une crédibilité à l'organisation panafricaine. A la tête de l'OUA, Abdou Diouf avait été le premier président convaincu que les problèmes africains devraient être réglés par les Africains eux-mêmes.

Au regard de tous ces constats, il apparaît que le Sénégal est un pays diplomatique et de paix. Il est également un pays de culture. Makhily Gassama conforte mon propos lorsqu'il avoue être persuadé que « *l'image dans le monde du pays de Cheikh Ahmadou Bamba, d'El hadj Malick Sy, d'El hadj Omar Tall, de Cheikh Ibrahima*

Niasse et de bien d'autres érudits de l'islam, du Cardinal Hyacinthe Thiandoum, de Blaise Diagne, de Léopold Sédar Senghor, de Mamadou Dia, de Cheikh Anta Diop, de Cheikh Amidou Kane, d'Aminata Sow Fall, de Boris Diop, du grand sculpteur Ousmane Sow, du talentueux peintre Kalilou Kassé, du chanteur, producteur et entrepreneur Youssou Ndour, de l'immense artiste Doudou Ndiaye Coumba Rose doit beaucoup à la culture[14] ».

En revanche il se demande comment se fait-il alors qu'un pays si riche en productions individuelles, qui l'ont rendu célèbre, ne s'impose pas par des réalisations concrètes d'œuvres collectives ? Autrement dit : comment se fait-il que la culture ne parvienne-t-elle pas à être un des instruments essentiels du développement économique du Sénégal ?

À notre avis, c'est le manque d'intérêt et de vision des dirigeants, peu convaincus de l'apport matériel de la culture au développement du pays. En effet, les responsables politiques, à la tête des départements ministériels chargés de promouvoir la culture, ne se sont jamais aperçus que des nations comme le Canada, les Pays-Bas, la Grande-Bretagne, la France pour ne citer que ceux-là, ont fait de la culture un des leviers de leur développement économique.

« *Au Canada, les arts représentent le onzième secteur d'activité de l'économie en termes de masse salariale soit 2,3 milliards de dollars canadiens. Le secteur permet*

[14] Makhily Gassama, *Culture et développement économique*, in Sud Quotidien du 14/04/2015.

également de créer 46 000 emplois et représente 2,4 % du Produit Intérieur Brut (PIB)[15] ».

Concernant les Pays-Bas, dans le seul secteur des arts, sur un total de 300 000 personnes actives à Amsterdam, 12 000 travaillent dans le secteur artistique. Les arts occupent ainsi la huitième place dans l'ensemble des activités économiques de la ville. Il en est de même en Grande-Bretagne pays dans lequel les arts représentent un chiffre d'affaires de 10 milliards de livres. Ils procurent directement 496 000 emplois, soit 2,1 % de l'emploi national, dont 96 000 dans les services. Le théâtre compte pour 422 millions de livres, les concerts pour 194 millions, les musées et galeries pour 230 millions. Nous pouvons multiplier les exemples en prenant par exemple la France, pays dans lequel la culture génère plus de 57 milliards d'euros de valeur ajoutée (3,2 % du PIB) soit quasiment au même niveau que l'industrie agroalimentaire.

Les pays africains doivent s'inspirer de ces exemples et cesser de reléguer la culture au second plan, ce qui est une grave erreur. Le développement est un processus global et la culture doit y avoir sa place au même titre que tous les autres secteurs et domaines d'activité.

---

[15] M*éthode abrégée d'évaluation des répercussions économiques des arts du spectacle*, Ottawa, Conseil des arts du Canada, 1982.

Chapitre 2
Des ressources halieutiques attractives

La pêche constitue l'un des domaines d'activité les plus importants du Sénégal. Avec 718 kilomètres de côtes, le pays possède les eaux les plus poissonneuses de la sous-région. Les circuits de production et de distribution sont constitués de pêcheurs, de revendeurs grossistes et de détaillants. Ils comptabilisent 600 000 emplois directs et 1 600 000 personnes en dépendent. La pêche rapporte en moyenne 185 milliards de francs CFA soit 2 % du Produit Intérieur Brut (PIB).

La filière artisanale est la composante la plus active de la pêche sénégalaise. Elle fournit la quasi-totalité du poisson consommé localement et contribue à assurer la sécurité alimentaire nationale. Elle fait vivre 5 000 000 de Sénégalais. En effet, avec 27 kilogrammes par personne et par an, le Sénégal se classe parmi les plus gros pays consommateurs de poissons au monde.

Les activités de capture sont assurées par les hommes tandis que celles relatives au traitement et à la vente sont réalisées par les femmes qui occupent une place prépondérante dans la filière de la pêche. Elles jouent les intermédiaires entre les pêcheurs et les consommateurs sur toutes les plages de débarquement. Elles sont chargées d'écouler les captures sur les marchés locaux, vers le Mali, la Mauritanie et la Guinée. Toutefois, elles n'ont pas toujours accès au crédit du fait que leur travail est souvent informel. Elles sont également confrontées au manque d'infrastructures pour la conservation et pour le transport des produits frais vers tous les marchés du territoire national.

La prolifération des usines de farine de poissons sur toutes les côtes inquiète les professionnels de la pêche. Il s'agit d'industries qui achètent les sardines et qui les transforment en farine utilisée pour nourrir les poissons élevés en aquaculture. Les pays asiatiques sont les principaux demandeurs. Ces activités démantèlent les structures de séchage existantes et renvoient la majorité des femmes au chômage. Les usines polluent terre, air et mer faisant des villes comme Mbour et Joal, des zones désormais affectées par des odeurs incommodantes et par de désagréables nuisances sonores. Les foyers des activités de pêche sont devenus sales et de plus en plus pollués. Ce phénomène prend de l'ampleur de jour en jour. Ce qui est regrettable est que ni les responsables des services de pêche, ni les maires, ni le ministère des Affaires maritimes, encore moins le ministère de l'Environnement ne lèvent suffisamment le doigt pour contrôler et pour stopper ce phénomène. Les déchets des usines sont rejetés dans la mer, sans aucun traitement. A ce rythme, si les autorités compétentes ne prennent pas les mesures nécessaires, les quais de pêche du Sénégal deviendront des sites pollués.

Quant à la filière industrielle sénégalaise, elle est sous équipée. En effet, elle comptabilise 128 chalutiers, 4 thoniers et 14 sardiniers dont la majorité est vétuste.

Le secteur halieutique est également menacé par la surexploitation des ressources et par le manque d'infrastructures industrielles. Au Sénégal, par manque de moyens de contrôle, les autorités peinent à faire respecter les zones économiques exclusives. Chaque année, l'État sénégalais perd entre 50 et 250 milliards de CFA (entre 76 et 380 millions d'euros) à cause des fraudes.

Les flottes étrangères européennes et asiatiques pillent les poissons, entraînent la rareté des ressources et obligent les pêcheurs à aller plus loin pour espérer réaliser quelques captures vitales. Aujourd'hui, les risques d'accident se multiplient et provoquent des pertes humaines. Ces derniers sont causés par des collisions entre des bateaux industriels et des pirogues.

Au regard du diagnostic que nous venons d'établir, il apparaît que le Sénégal possède d'énormes atouts pour bâtir une véritable industrie de pêche. Nous recommandons à l'État de continuer à équiper en moteurs et en filets les pirogues. En revanche, les infrastructures que doivent développer le secteur sont les entrepôts de stockage, les sites de transformation et de commercialisation des produits. L'organisation des pêcheurs en coopératives doit également être poursuivie. Si tous ces efforts se combinent, le Sénégal pourra se doter d'une industrie de pêche performante et durable. Nous y reviendrons dans la partie consacrée aux défis à relever.

Chapitre 3
Un secteur touristique/artisanal dynamique

Le tourisme s'est timidement installé au Sénégal jusqu'au début des années 70. Ensuite, il s'est développé grâce à l'implication de l'État à son financement. En effet, la prise de participation des pouvoirs publics est longtemps restée significative dans les grands hôtels, dans les principaux sites de la Petite côte, de la Casamance, de Saint-Louis, du Sénégal oriental, du Sine et du Saloum. Afin de protéger et d'appuyer le secteur, en 1975, l'État crée la Société d'Aménagement et de Promotion des Côtes et Zone Touristiques du Sénégal (SAPCO-SENEGAL), organisme chargé de développer et de promouvoir l'ensemble de prestations de services que proposent les sites.

Cette politique volontarisme attire les grands tours opérateurs et vacanciers français et allemands notamment. Ceux-ci réalisent d'importants investissements dans les stations balnéaires. Aujourd'hui, ces sites s'adressent surtout aux touristes étrangers européens et leur proposent des services de qualité : plages, hôtels de luxe, activités sportives, etc. Toutes ces infrastructures constituent d'importantes sources de recettes pour le Sénégal mais aussi de valeur ajoutée pour les investisseurs étrangers. En effet, avec plus de 350 milliards de chiffre d'affaires, le tourisme constitue le deuxième secteur pourvoyeur de devises, après la pêche. Il est le deuxième employeur derrière l'agriculture et représente près de 7 % du Produit

Intérieur Brut (PIB). Le Sénégal de la « *Téranga*[16] » offre dans ce domaine un service très apprécié surtout au niveau international.

Parmi les autres sites touristiques proposés par le Sénégal, nous avons l'île de Gorée, ancien centre de commerce d'esclaves très visité. Le Sénégal offre également au parc Niokolo Koba, à l'Est, des animaux sauvages tels que des lions, des girafes et des éléphants. Le parc Djouj, au Nord dans la région de Saint-Louis, présente différentes espèces d'oiseaux que les passionnés viennent découvrir tout au long de l'année. Le Sénégal possède des clubs méditerranés avec les campings villageois de Cap-Skiring en Casamance. Les plages des domaines du Sine-Saloum, du Nianing, Saly et du Lac rose sont convoitées. Elles sont équipées d'infrastructures modernes avec un confort pour les clients et le personnel de service.

Aujourd'hui, le Sénégal semble vouloir reconquérir et moderniser le secteur. En effet, dans le cadre du Plan Sénégal Émergent, « *l'État affecterait au secteur 47,622 milliards. L'objectif est d'attirer à l'horizon 2020 plus de 2 millions de touristes*[17] ». Des infrastructures, comme l'Aéroport International Blaise Diagne (AIBD) dans la commune de Ndiass à 40 kilomètres de Dakar, sont réalisées. Cet aéroport devra favoriser le tourisme de masse et désengorger la capitale. Le Sénégal modernise également les infrastructures hôtelières et de transport. Il

[16] Téranga signifie hospitalité en Wolof. C'est un principe de cordialité et de convivialité qui est puisé dans le patrimoine culturel traditionnel sénégalais. Il constitue un cachet du pays appelé affectueusement *pays de la Téranga*.

[17]Source : http://www.un-page.org/files/public/plansenegalemergent.

renforce la sécurité des sites et affiche une volonté de combattre le tourisme sexuel.

En revanche, le secteur connaît quelques difficultés à cause notamment de la crise casamançaise, de l'absence d'une véritable politique touristique, du manque de diversification de l'offre et du vieillissement des infrastructures. L'instabilité politique des pays voisins comme le Mali et les conditions d'insécurité font également baisser les recettes des exploitants. Tous ces constats font que le tourisme ne parvient pas à atteindre sa rentabilité maximale pour le pays.

Chapitre 4
Un secteur d'élevage et de production animale en pleine mutation

Le Sénégal est un pays d'élevage. Il s'agit d'une activité souvent associée à l'ethnie des peuls, population nomade dont l'attachement au bétail est reconnu. Ces systèmes de production restent encore assez étendus dans le pays. Ils utilisent des méthodes traditionnelles peu productives.

Au Sénégal, 350 000 familles vivent directement de l'élevage. En effet, selon le ministère, « *le secteur occupe près de 60 % des ménages agricoles et représente 4,3 % du Produit Intérieur Brut (PIB) du pays*[18] ».

Cette contribution à la richesse nationale est importante mais reste largement en dessous des objectifs annoncés par le gouvernement, notamment en matière de sécurité alimentaire. C'est pourquoi, dans le cadre de son Plan National du Développement de l'Élevage (PNDE), l'État souhaite consacrer au secteur un budget de 247,167 milliards de FCFA pour l'horizon 2017-2021.

« *Le budget du ministère de l'élevage et des productions animales connaît une hausse de 1 477 439 580 francs CFA en valeur absolue, passant de 22 304 570 000 FCFA en 2017 à 23 782 009 580 FCFA en 2018 soit une hausse de 6,60 %*[19] ». Le ministère et les directions rattachées se donnent comme objectifs d'accroître la productivité, d'améliorer la compétitivité des filières et de renforcer le cadre institutionnel.

---

[18] *Situation économique et sociale du Sénégal édition 2013*, ministère de l'Économie et des Finances, Chapitre XI, Élevage.

[19] Sources : https://www.dakaractu.com/Hausse du budget 2018 du ministère de l'Elevage et des productions animales, décembre 2017.

Pour relever ces défis, le processus de modernisation se poursuit. De nouvelles races sont introduites. Les fermes industrielles commencent à être expérimentées dans tout le territoire national. L'insémination artificielle est davantage pratiquée. Les séances de vaccination sont renforcées.

Sur le plan des équipements, la mise en place d'infrastructures industrielles de transformation et de commercialisation se poursuit mais reste insuffisante. La politique industrielle vise également à renforcer l'embouche, la fabrication d'aliments pour bétail, le transport des bêtes et le développement de la profession vétérinaire.

L'encadrement des producteurs, la professionnalisation du secteur, le développement de partenariat fécond avec le privé et la restructuration des services de l'élevage sont également des actions encouragées et soutenues par l'État et les collectivités locales.

Globalement, les races locales adaptées au climat tropical restent dominantes. Le cheptel se compose de 3 464 000 bovins (22 %), de 6 088 000 ovins (38 %) et de 5 186 000 caprins (32 %). Les filières porcines restent faibles mais en nette progression. En revanche, la filière avicole, estimée à 49 millions de têtes avec une hausse spectaculaire de la volaille industrielle, est passée de 14 à 25 millions de têtes, entre 2016 et 2018, soit une hausse annuelle moyenne de 8 %. Le secteur connaît un développement considérable depuis que l'État l'a repris en main et l'a réorganisé.

L'élevage est de plus en plus convoité par des investisseurs privés qui trouvent le secteur porteur en termes de création d'emplois et de valeurs ajoutées. Aujourd'hui, la génétique des races locales est améliorée grâce aux croisements entre le cheptel local et les races normandes, charolaises, limousines, montbéliardes et Holstein. Toutes ces espèces animales fournissent des produits variés et en forte hausse. C'est le cas des viandes bovines, de la volaille, des œufs, des produits laitiers et des cuirs. C'est l'une des raisons pour lesquelles les importations, par exemple, de produits laitiers diminuent. Elles sont passées à 44 milliards de FCFA en 2017 au lieu de 50 milliards en 2012, soit un repli de 14 %. Cette situation est à mettre en relation avec la chute progressive de l'importation de ce produit en provenance de la Nouvelle-Zélande (-57,9 %), du Brésil (-22,2 %) et des Pays-Bas (-40,1 %).

Il apparaît clairement que l'élevage constitue un atout pour le Sénégal. C'est un secteur qui se développe même s'il fait toujours état de nombreux besoins. Il n'est toujours pas suffisamment imbriqué dans une politique industrielle avec des ambitions à la fois vivrière et d'exportation. Aussi, le secteur n'est pas correctement articulé avec celui de l'agriculture afin d'améliorer, par exemple, la qualité de l'alimentation du bétail. Des mesures d'urgence doivent donc être prises pour mieux organiser et encadrer le secteur.

Chapitre 5
Des ressources pétrolières et gazières

Le Sénégal est-il un pays pétrolier et gazier en devenir ? En tous les cas, d'importants gisements seraient découverts au large du pays. Les premières estimations révèlent des capacités comprises entre 250 millions et 2,5 milliards de réserves de barils de pétrole. Le Cours du baril de pétrole étant compris entre 38,8 et 43,36 dollars, le Sénégal pourrait saisir cette opportunité pour percevoir les recettes nécessaires à son émergence proclamée. En plus, le produit serait d'excellente qualité. Il contiendrait une faible présence de soufre et de substances chimiques. À la découverte de pétrole dans le sous-sol sénégalais s'ajoute celle d'importantes poches de gaz. Selon les prévisions de la compagnie Kosmos Énergie, les quantités identifiées pourraient atteindre 425 milliards de mètres cubes.

Bien évidemment, ces ressources minières intéressent les multinationales qui opèrent dans le secteur. Aujourd'hui, le Sénégal a signé différents contrats notamment avec les compagnies pétrolières Total et BP. Les premiers accords de partenariat ont été établis par le régime d'Abdoulaye Wade et confortés par celui de Macky Sall ex Premier ministre et actuel président de la République. Les entreprises avec lesquelles compte travailler le Sénégal, interviennent en exploration-production des hydrocarbures. En revanche, le profil des opérateurs auxquels l'État du Sénégal confie la gestion de ses ressources suscite de nombreuses interrogations. La société Petro-Tim est désignée du doigt. Sa coopération avec l'État sénégalais fait couler beaucoup d'encre. Selon

Ousmane Sonko, « *l'affaire Petro-Tim constitue une cascade de forfaitures. Les contrats signés avec son représentant Frank Timis seraient affectés de plusieurs vices et manquements*[20] ». Petro-Tim est une société filiale de Petroasia ressources LTD, une entreprise de droit hongkongais ayant comme unique actionnaire Wong Jong Kwang. Petro-Tim est établie aux Iles Cayman, un paradis fiscal, ce qui laisse présager la volonté d'échapper au fisc sénégalais. Aussi, il semblerait que les clauses des contrats ne profiteraient qu'au cocontractant Frank Timis qui se retrouverait avec 30 % des deux blocs les plus prometteurs. Ces accords profiteraient également à des responsables politiques, à leurs familles et amis en tant que prête-noms. C'est ce que déplorent les Sénégalais et en particulier Ousmane Sonko qui exige plus de transparence, une révision des différents contrats et également des sanctions à l'égard des personnes qui ont sciemment signé, en toute connaissance de cause, tous les décrets relatifs à l'exploration et à l'exploitation des ressources pétrolières et gazières du Sénégal. Le Sénégal gagnera à prendre les mesures nécessaires pour corriger les erreurs commises lors de la négociation des contrats. Les constats et les recommandations d'Ousmane Sonko doivent tous nous interpeler au-delà de nos positions partisanes. L'exploitation du pétrole et du gaz constitue un enjeu important. Elle doit se faire en toute transparence et en priorité dans l'intérêt du Sénégal.

---

[20] Ousmane Sonko, *Pétrole et Gaz au Sénégal, Chronique d'une spoliation*, Paris, Éditions Fauves, 2017.

Chapitre 6
Une démocratie en construction

Les Sénégalais essaient tant bien que mal, depuis l'indépendance, d'assoir une démocratie. C'est une bataille qui concerne tous les acteurs et particulièrement la société civile qui contribue de plus en plus au processus. Toutefois, la démocratie sénégalaise reste fragile. C'est ce que nous essayerons de démontrer dans ce chapitre.

1) Le contexte africain

Selon la célèbre formule d'Abraham Lincoln, 16ème président des États-Unis de 1860 à 1865, prononcée lors du discours de Gettysburg, « *la démocratie est le gouvernement du peuple, par le peuple, pour le peuple* ». Un régime démocratique doit permettre aux citoyens de contrôler leurs dirigeants et aussi de les évincer lorsque c'est nécessaire, sans recourir à la violence. Il s'agit d'approches que nous partageons. Malheureusement, aujourd'hui, la démocratie se limite à l'organisation pure et simple d'élections. Une fois élus, les responsables politiques rangent aux oubliettes leurs promesses électorales. Ils gouvernent pour leurs amis et en faveur de leurs familles.

S'agissant de l'organisation d'élections, l'Afrique progresse très lentement, mais elle progresse avec de l'espoir. Personne n'aurait imaginé, par exemple, la défaite et le départ de Yahya Jammeh, président de la République de Gambie au pouvoir de 1994 à 2017 suite à un coup d'État. Battu à l'élection présidentielle de novembre 2016, il refuse de céder le pouvoir, proclame l'état d'urgence et obtient la prolongation de trois mois de son mandat par l'Assemblée nationale. Néanmoins, sous la pression de la communauté internationale, de l'Union Africaine et de la société civile, il quitte ses fonctions le 21 janvier 2017.

La défaite d'Abdoulaye Wade en 2012 était également impensable pour ses partisans. Pourtant, malgré toutes les manœuvres politiques que lui et son équipe ont tenté d'établir, il a perdu les élections présidentielles et a accepté de quitter pacifiquement le pouvoir.

Toutes ces constatations nous permettent de dire que le nombre de coups d'État, de révolutions de palais et de régimes totalitaires diminue partout en Afrique. Des élections sont de plus en plus organisées dans les différents pays même si elles nécessitent encore plus de transparence et d'équité. De nombreux pays sont conviés à faire des efforts, car, partout en Afrique, la démocratie constitue une demande sociale qui invite les gouvernements à engager les réformes demandées. Les points de revendication les plus exprimés par les partis d'opposition et par la société civile sont la limitation des mandats présidentiels et l'organisation d'élections libres et transparentes sans discrimination, sans modification des constitutions, des codes et des processus électoraux.

C'est un combat qui est loin d'être gagné. En effet, nous constatons qu'aujourd'hui 88 % des Togolais n'ont connu comme présidents de leur pays que Faure Gnassingbé et son père. Il en est de même pour les Gabonais qui n'ont connu qu'Ali Bongo et son père. 76 % des Équato-Guinéens n'ont connu que Théodore Obiang Nguema. 76 % des Camerounais n'ont vécu que sous le régime de Paul Biya toujours au pouvoir. 69 % des Congolais sont nés durant la présidence de Denis Sassou Nguesso. 67 %

des Zimbabwéens n'ont connu que Robert Mugabe, écarté du pouvoir par la force à l'âge de 92 ans. 66 % des Tchadiens n'entendent parler que d'Idriss Deby. Dans chacun de ces pays, malgré la répression, les citoyens continuent de réclamer plus de démocratie.

2) Cas particulier du Sénégal

Comparé aux autres États africains voisins, le Sénégal organise régulièrement des élections présidentielles, législatives et locales. Sa démocratie politique se construit et résiste malgré toutes les tentatives de violation de la constitution perpétrées par les responsables politiques. Ce sont les actions courageuses des citoyens qui donnent au pays l'impression de vivre dans une nation démocratique et non les mesures prises de bon gré par les dirigeants politiques, pourfendeurs des acquis dans ce domaine. L'histoire politique du pays nous permet de mieux comprendre les forces et les faiblesses de la démocratie sénégalaise.

3) Les évolutions politiques

- **Lamine Gueye/Léopold Sédar Senghor, la marche vers l'indépendance**

La rencontre entre Lamine Gueye et Léopold Sédar Senghor est marquée par les remarquables actions politiques de ce premier. Membre de la Section Française de l'Internationale Ouvrière (SFIO), Lamine Gueye est le premier haut cadre sénégalais élu maire. Aussitôt après son investiture, il attribuait à de nombreux jeunes étudiants des bourses d'études. Il s'agissait de préparer la relève dans l'Administration.

Après avoir suivi des formations surtout universitaires en France, l'élite intellectuelle allait rapidement contribuer à la marche vers l'indépendance et à l'édification des bases d'un État sénégalais moderne. C'est d'ailleurs, le même Lamine Gueye, qui accueillit Léopold Sédar Senghor au sein de la SFIO.

Sur le plan politique, Lamine Gueye défendait l'assimilation pour que nos concitoyens soient tous citoyens français et qu'ils aient les mêmes droits et devoirs que les Français de la métropole. Léopold Sédar Senghor, quant à lui, représentait les indigènes ou sujets français de la colonie du Sénégal, soit l'écrasante majorité de la population. Mais la cohésion du duo Lamine Gueye/Léopold Sédar Senghor sera très tôt soumise à des divergences idéologiques. Les deux hommes ne s'entendaient pas sur les orientations politiques à suivre.

Ainsi, pour se démarquer et pour mieux exprimer ses idées et ses positions, le 11 février 1948, Léopold Sédar Senghor créa un journal dénommé « *Condition humaine* » et incarna la représentation du monde rural. Il opta pour un ancrage plus traditionnel, plus paysan et plus populaire. À contrario, Lamine Gueye se tourna vers les centres urbains et les milieux proches de la bourgeoisie naissante des fonctionnaires, des cadres administratifs et privés. Un face-à-face entre Léopold Sédar Senghor et Lamine Gueye se dessina. Ne pouvant plus rester dans le parti, Léopold Sédar Senghor rédigea une lettre de démission à l'attention de Guy Mollet, secrétaire général de la SFIO le 27 septembre 1948 puis adressa une autre lettre, dans ce sens, à Amadou Babacar Sarr Chopard, secrétaire général de la fédération sénégalaise de la SFIO, avant d'adhérer au groupe des indépendants d'outre-mer qui venait de se constituer à l'Assemblée nationale française.

La rupture était inévitable. Un mois après, le 27 octobre 1948, Léopold Sédar Senghor créa le Bloc Démocratique Sénégalais (BDS) qui tint deux congrès successifs du 15 au 17 avril 1949 à Thiès et du 24 au 26 mai 1951 à Kaolack. Au cours de ces manifestations, le BDS s'employait à trouver une voie originale caractérisée par l'affirmation d'une réelle autonomie vis-à-vis de tout parti politique français. Cette voie empruntée par Léopold Sédar Senghor était tout à fait originale. Il s'agissait d'une forme d'indépendance du parti politique, ce qui n'était pas le cas en Afrique.

Le BDS accordera une attention particulière au progrès social et à l'essor socio-économique des populations rurales, ce qui allait lui faire connaître une ascension fulgurante, notamment aux élections législatives de 1951, à celle de 1956, ainsi qu'aux élections, non moins importantes, à l'assemblée territoriale du 30 mars 1952, aux cantonales et sénatoriales de 1953. C'est ainsi que Léopold Sédar Senghor devint le leadership politique incontestable du BDS, premier parti du Sénégal lors des législatives du 02 janvier 1956 où la liste composée du ticket Léopold Sédar Senghor/Mamadou Dia l'emportera sur celle de la SFIO de Lamine Gueye/Assane Seck et celle de l'UDS d'Abdoulaye Gueye Cabri/Thierno Bâ.

Plusieurs éléments expliqueraient cette ascension et la position dominante du BDS : la massification du parti par le biais d'une forte implantation populaire tant dans les centres urbains qu'en milieu rural et le soutien considérable des chefs religieux dont la force et l'influence sont toujours réelles au Sénégal.

Malgré le fait qu'il était chrétien dans un pays, en majorité musulman, malgré le fait qu'il appartenait à une minorité ethnique, Léopold Sédar Senghor réussit à nouer d'étroites relations avec les communautés religieuses. Cette situation montre les difficultés des responsables politiques à s'épargner du soutien des confréries religieuses pour accéder ou rester au pouvoir.

En 1957, le BDS fusionne avec l'Union Démocratique Sénégalaise (UDS), le Mouvement Autonome Casamançais (MAC) et une fraction du Mouvement Populaire Sénégalais (MPS) mené par Abdoulaye Thiaw pour donner naissance au Bloc Populaire Sénégalais (BPS). Léopold Sédar Senghor est alors désigné comme leader politique et Mamadou Dia comme secrétaire général. En 1958, le BPS fusionne avec le Parti Socialiste d'Action Sénégalaise (PSAS) de Lamine Gueye pour donner naissance à l'Union Progressiste Sénégalaise (UPS). En 1976, le parti intègre l'International socialiste puis prend le nom de Parti Socialiste (PS), formation politique qui a exercé le pouvoir au Sénégal de 1960 à 2000. Il a eu à sa tête Léopold Sédar Senghor de 1963 à 1980, date à laquelle il transmet le pouvoir à son Premier ministre Abdou Diouf.

Le président Léopold Sédar Senghor a choisi Abdou Diouf, car il était son homme de confiance. Ce que nous regrettons, c'est que la transmission du pouvoir entre les deux hommes a contourné les règles traditionnelles de la démocratie. Il aurait été plus démocratique de consulter, par exemple par référendum, le peuple. Du reste, une fois installé à la tête du pays, Abdou Diouf ne s'était pas contenté d'achever le mandat de son prédécesseur. Il a tout mis en œuvre pour rester au pouvoir, le plus longtemps possible.

Sur le plan politique, Abdou Diouf organise des élections régulières qu'il gagne facilement jusqu'en 2000, date à laquelle son parti socialiste perd le pouvoir. Toutefois, les scores d'Abdou Diouf ont été souvent contestés par l'opposition. En 1988, son élection au premier tour avait provoqué de violentes émeutes de rue, l'obligeant à engager avec l'opposition la modification du code électoral et à accepter un gouvernement d'union nationale incluant des membres de l'opposition. Ce climat de tension favorisa des révisions constitutionnelles douteuses, des arrangements politiques et le développement de la « *transhumance*[21] » devenue une épine de la démocratie sénégalaise.

Les révisions constitutionnelles ont toujours fait l'objet de polémiques au Sénégal. A ce sujet, le chercheur Momar Coumba Diop nous fournit de très précieux éléments d'appréciation. Il nous rappelle « *qu'elles ont été initiées par le président Léopold Sédar Senghor pour instaurer un régime présidentiel. Il considérait le bicéphalisme au sommet de l'État comme un facteur de désordre*[22] ». Chef du gouvernement, Mamadou Dia voulait mettre en place un socialisme autogestionnaire fondé sur des coopératives agricoles. Léopold Sédar Senghor était d'accord sur une décentralisation et non sur l'affaiblissement de l'État

---

[21] La Transhumance, appelée également nomadisme politique renvoie à l'attitude de l'homme politique qui migre d'un parti politique auquel il appartient au moment de son élection vers un autre parti, pour des intérêts personnels.

[22] Momar Coumba Diop, *Sénégal 2000-2012 : Les institutions et politiques publiques à l'épreuve d'une gouvernance libérale*, Paris, Karthala, 2013.

qu'impliquait l'autogestion. Il révise alors la constitution et impose un régime à sa convenance.

La politique de Mamadou Dia allait à l'encontre des intérêts des milieux d'affaires et de la France. C'est le début de la crise qui a conduit à son arrestation et à celle de trois de ses ministres, le 18 décembre 1962. Ils sont accusés de tentative de coup d'État et condamnés injustement à vingt ans de prison ferme.

Le règne du président Abdou Diouf sera marqué par la révision constitutionnelle de 1981 qui instaure le multipartisme intégral. Aussi, le 5 avril 1991, Abdou Diouf, après avoir supprimé le poste de Premier ministre de 1983 à 1991, rétablit le gouvernement. Cette décision consacre également la motion de censure et les mécanismes de la mise en cause de la responsabilité gouvernementale. Enfin, la réinsertion du droit de dissolution dans la constitution de 2001 permet au chef de l'État d'arbitrer une crise politique entre l'exécutif et le législatif, et de se donner une nouvelle majorité pour la mise en œuvre de sa politique.

Sous la présidence d'Abdoulaye Wade, seulement deux réformes marquent une volonté de consolidation de la démocratie. La première est réalisée avec la loi constitutionnelle n° 2007-19 du 19 février 2007. Son objectif était la clarification des conditions d'organisation de l'élection présidentielle. La constitution sera modifiée pour mettre un terme à la polémique relative à une possibilité de report de l'élection présidentielle suite au retrait d'un candidat, après la publication officielle de la liste des postulants admis à la compétition électorale par le Conseil constitutionnel. Le nouvel article 34 de la Constitution dispose à cet effet « *qu'en cas d'empêchement définitif ou de retrait d'un des candidats entre l'arrêt de publication de la liste des candidats et le premier tour, l'élection est poursuivie avec les autres candidats en lice. Le Conseil constitutionnel modifie en conséquence la liste des candidats. La date du scrutin est maintenue* ».

La seconde révision opérée sous le magistère d'Abdoulaye Wade constitue l'adoption de la loi constitutionnelle n° 2008-30 du 7 août 2008 relative à l'égal accès des hommes et des femmes aux mandats et fonctions publiques. Cette révision qui instaure la parité avait soulevé de grandes polémiques. Il n'en demeure pas moins que la mise en place d'un dispositif juridique permettant à la femme qui s'engage en politique d'avoir davantage de chances d'accès aux postes de décision est salutaire.

En termes de révisions constitutionnelles, Abdoulaye Wade avait battu tous les records. En effet, comme le souligne Ismaël Madior Fall, « *avec Abdoulaye Wade, il y a eu quinze révisions constitutionnelles et seulement cinq sont consolidantes. C'est le seul dont le rapport avec la révision fait apparaître un résultat négatif*[23] ». C'est d'ailleurs l'une des raisons qui lui ont causé la perte du pouvoir en 2012.

Enfin, sous le président Macky Sall, les premières révisions viseraient à rationaliser les institutions. L'une des plus marquantes est celle du 26 septembre 2012 qui porte sur la suppression du Sénat, toujours décrié comme étant une institution pour caser des amis politiques. Il n'a

---

[23] Ismaël Madior Fall, Xibar.net, *Révisions de la constitution depuis 1960, comment, Abdoulaye Wade a battu tous les records*, Propos recueillis par Yakhya Massaly.

vraiment jamais eu d'influence significative sur le travail législatif et sur la marche des institutions. Il y a également la suppression du poste de vice-président de la République qui n'a jamais été pourvu depuis sa création en 2008. Il s'agit donc d'une décision justifiée par une forte demande populaire et par la volonté d'optimiser les ressources publiques. Le président de l'Assemblée nationale devient le successeur du président de la République en cas de décès, d'empêchement ou de démission. A cela, s'ajoute le remplacement du Conseil Economique et Social (CES) par un Conseil Economique, Social et Environnemental (CESE) et la mise en place du Haut Conseil des Collectivités Territoriales, deux institutions qui font l'objet de plusieurs critiques.

Parmi les faits qui caractérisent également la vie politique sénégalaise, nous relevons l'entrée progressive des femmes. En 1960, le Sénégal n'avait élu aucune femme députée à l'Assemblée nationale. Aujourd'hui, elles représentent plus de 10 % des élus. Le Sénégal a également nommé en 2013 deux Premiers ministres femmes : Mame Madior Boye en 2001 et Aminata Touré en 2013.

En ce qui concerne la diaspora, les élections législatives du 30 juillet 2017 donnent la possibilité aux Sénégalais de l'extérieur d'élire leurs propres députés au nombre de 15. Avant, les représentants de la diaspora étaient nommés et imposés par le parti au pouvoir.

Il apparaît que ces évolutions constituent des progrès que le Sénégal doit préserver pour renforcer sa démocratie.

- **Le duo Léopold Sédar Senghor/Mamadou Dia, un rendez-vous manqué**

Dans son ouvrage « *Afrique, le prix de la liberté*[24] », Mamadou Dia démontre qu'il a été lui aussi un acteur majeur de la vie politique sénégalaise entre 1948 et 1962. En effet, il souhaitait abolir l'économie de traite et créer un vaste réseau de coopératives paysannes de développement autogérées.

Dès la proclamation de la République indépendante du Sénégal le 20 août 1960, il fallait rapidement mettre en place de nouvelles institutions et élaborer une nouvelle constitution. Il s'agissait d'une réforme majeure pour laquelle Mamadou Dia et Léopold Sédar Senghor s'étaient mis d'accord sur un régime bicéphale. La nouvelle constitution du Sénégal fut adoptée le 25 août 1960. Léopold Sédar Senghor fut élu président de la République et chef de l'État le 5 septembre 1960 par un collège électoral réuni en congrès. Le 7 septembre 1960, investi chef du gouvernement/président du Conseil du Sénégal, Mamadou Dia consolida la politique de construction nationale et de développement. Il engagea le parachèvement du processus de décolonisation et rechercha des solutions à l'éclatement de la Fédération du Mali. Il réforma les structures administratives et politiques pour doter le pays, depuis la base jusqu'au sommet, des instruments de son développement. Il donna une orientation nouvelle à l'office de commercialisation agricole, outil nécessaire à la réussite de la promotion du paysannat. Selon Mamadou Dia, le progrès était là.

---

[24] Mamadou Dia, *Afrique, le prix de la liberté*, Paris, L'Harmattan, 2001.

L'objectif était de mettre en place des structures de participation, des techniques nouvelles de formation, d'information et d'éducation des masses rurales, des formules d'encadrement technique et institutionnel répondant aux exigences du développement participatif. C'est ainsi que l'équipe qu'il dirigeait réussit à mettre au Sénégal un plan de développement économique et social qui reposait sur une approche profondément enracinée aux réalités locales.

Afin d'accompagner cette politique de développement autocentré, Mamadou Dia mit en place l'École Nationale d'Administration et de Magistrature (ENAM), appelée à former des hauts cadres de l'administration et de la justice capables de mettre en œuvre une nouvelle organisation soucieuse de l'équité démocratique. Mamadou Dia lança également l'École Nationale d'Économie Appliquée (ENEA) pour compléter la formation des cadres. Son objectif était de balayer au plus vite l'économie de traite qui écrasait la majorité du peuple. Grâce à l'aménagement du Delta à travers le projet de construction du barrage de Dagana, et plus largement par la construction de la vallée du fleuve Sénégal, des cultures vivrières se mettaient en place de même que l'approvisionnement en énergie hydraulique.

Des projets rizicoles en Casamance, dans le Sine Saloum, d'aménagement des Niayes à partir du Lac de Guer pour favoriser le maraichage étaient engagés. La Société Africaine de Raffinage (SAR) et les Industries Chimiques du Sénégal (ICS) permettaient d'exploiter le phosphate et les produits pétroliers. Sur le plan financier, Mamadou Dia créa des crédits populaires de façon à permettre aux coopératives de disposer de moyens financiers et bancaires. La Banque Sénégalaise de Développement (BSD) fut créée. Toutes ces réformes ont eu comme résultats la croissance du Produit Intérieure Brut (PIB) et une hausse du niveau de vie des populations.

A l'échelle africaine, Mamadou Dia participa à la création de l'Union Africaine et Malgache (UAM) qui a permis la réalisation de la Compagnie interafricaine de navigation aérienne (Air Afrique) et de la Banque Africaine de Développement (BAD). Ces deux institutions favorisaient les échanges directs entre les peuples du continent, la mise en place de moyens financiers, monétaires et économiques harmonieux.

Toutes ces initiatives ont été sabotées parce qu'elles ne correspondaient pas aux politiques du Fonds Monétaire International, de la Banque mondiale et de la France. C'est la raison pour laquelle un complot fut fomenté contre Mamadou Dia qui voulait tout simplement libérer le pays des servitudes du néocolonialisme. Il s'agissait d'un complot contre la nation sénégalaise. La politique de Mamadou Dia se voulait être source de destruction créatrice. Elle inquiétait le système établi par la France et ses collaborateurs. Ce combat, Léopold Sédar Senghor ne l'avait pas compris ou choisi. C'est la raison pour laquelle le Sénégal peina à affirmer et vivre son indépendance.

- **1962-2000 : Léopold Sédar Senghor/Abdou Diouf, une succession antidémocratique**

Après avoir combattu Lamine Gueye, liquidé politiquement Mamadou Dia, Léopold Sédar Senghor instaure un régime présidentiel. Il détient tous les pouvoirs. La constitution taillée à sa convenance lui permet de pouvoir briguer un nombre illimité de mandats. Il prend en otage la démocratie. Son parti socialiste au pouvoir met tout en œuvre pour organiser et contrôler l'ensemble des secteurs d'activité du pays. Il a fallu que les opposants, les syndicats et la société civile se mobilisent afin de l'obliger à réviser la constitution et à instaurer, à travers la loi n° 76-26 du 6 avril 1976 le un multipartisme limité. 20 ans après son accession à la tête de l'État sénégalais, Léopold Sédar Senghor modifie en amont la Constitution et impose aux Sénégalais son successeur Abdou Diouf.

Rappelons que cette succession a été une âpre bataille entre plusieurs prétendants. Essentiellement, deux camps se sont affrontés sournoisement. Il s'agissait de celui de Babacar Bâ qui lorgnait autant qu'Abdou Diouf le fauteuil présidentiel. Il avait tissé de bonnes relations internationales et s'était fait des alliés de renom comme Adrien, neveu de Léopold Sédar Senghor. De son côté, le président Abdou Diouf avait pour soutien Djibo Kâ, Moustapha Niasse et Jean Collin. Ces trois ténors socialistes vont jouer un rôle de premier plan dans la mise en place des stratégies d'accès et de consolidation du pouvoir d'Abdou Diouf. On comprend un peu la position privilégiée de Djibo Kâ, de Moustapha Niasse et de Jean Collin dans le gouvernement d'Abdou Diouf. Et l'on peut comprendre également, en partie, pourquoi les deux premiers personnages cités ont claqué la porte lorsqu'Ousmane Tanor Dieng a été choisi pour diriger le parti socialiste.

Au pouvoir, Abdou Diouf se rapproche de l'opposition, de la société civile et religieuse. Il invite ses opposants à entrer dans une coalition gouvernementale pour éviter une

« *crise de gouvernabilité* » de l'État. Il établit un rapport nouveau avec l'opposition et pose les jalons d'une démocratie pacifiée. C'est le constat de Lamine Tirera qui a clairement expliqué l'entrée en politique d'Abdou Diouf, son style de gouvernement, ses rapports avec les confréries religieuses, sa collaboration avec l'opposition mais également ses échecs. En effet, « *tout au long de son magistère, Abdou Diouf a tendu la main à ses opposants et particulièrement à Abdoulaye Wade, chef de l'opposition d'alors. Il n'a pas non plus manqué de consolider ses relations avec les confréries religieuses comme le lui avait conseillé le président Léopold Sédar Senghor*[25] ». Il rendait visite régulièrement aux deux principales confréries des mourides et des tidjanes.

Cela dit, la rupture et le problème de leadership, le parti socialiste les a souvent connus. La première entre Mamadou Dia et Léopold Sédar Senghor avait fait couler beaucoup d'encre. En effet, elle avait coûté la prison à Mamadou Dia et à ses collaborateurs victimes d'un complot organisé par le président Léopold Sédar Senghor et l'État français. Sous la présidence d'Abdou Diouf, Moustapha Niasse, Robert Sagna, Djibo Ka font la scission en fondant leurs propres formations politiques. Cette question mérite un éclairage. Pour cela l'analyse du parcours de chacun d'eux pourra nous être utile.

Après une carrière dans la fonction publique Moustapha Niasse occupait le poste de directeur de cabinet du président Léopold Sédar Senghor. Il fut ensuite nommé ministre de l'urbanisme, de l'habitat et de l'environnement le 15 mars 1979, et ministre des Affaires étrangères le 19

---

[25] Lamine Tirera, *Abdou Diouf, biographie politique et style de gouvernement*, Paris, L'Harmattan, 2006.

septembre 1979, puis Premier ministre en avril 1983 pour un mois, sous le régime du président Abdou Diouf qui avait préféré confier ce poste de chef de l'exécutif à Habib Thiam. Le compagnonnage entre Moustapha Niasse et Abdou Diouf se détériore tant au niveau de l'État qu'au sein du parti socialiste. Il s'est gâté en 1984 lorsque Moustapha Niasse administre une magistrale baffe au ministre de l'information, Djibo Kâ, qui lui a reproché lors d'une réunion du bureau politique, d'être constamment en mission et de ne pas s'occuper de la vie du parti.

Moustapha Niasse, qui était directeur politique du parti socialiste, est ainsi évincé du gouvernement. Il poursuit sa révolte lors du fameux congrès sans débat de 1996 au cours duquel Ousmane Tanor Dieng fut choisi chef de file du parti. Cela en était évidemment trop pour lui qui estimait n'avoir pas été rétribué à sa juste valeur. Et ce qui devait arriver arriva : Moustapha Niasse claqua la porte du parti socialiste et fonda, à la suite de son mémorable appel du 16 juin 1999, l'Alliance des Forces du Progrès (AFP).

Porté par un formidable élan populaire des Sénégalais qui voyaient en lui une victime du régime socialiste finissant, dont il était pourtant un des plus éminents barons, Moustapha Niasse suscita autour de sa personne une importante onde de sympathie qui le motiva à se présenter à l'élection présidentielle de 2000 avec beaucoup d'optimisme et de certitudes. Son score de 17 % enregistré au premier tour du scrutin au soir du 27 février 2000 le classe troisième derrière Abdou Diouf (42 %). Abdoulaye Wade (32 %) avait fini de faire de Moustapha Niasse un faiseur de rois, car il devait départager les deux finalistes à travers les reports de voix. C'est ainsi que son soutien décisif au candidat Abdoulaye Wade, au second tour du scrutin du 19 mars 2000, sera récompensé par ce dernier qui le nommera Premier ministre. Mais il ne mettra pas longtemps pour entrer en conflit ouvert avec le président. Depuis l'Alternance de mars 2000, son parti, l'AFP fait moins rêver. Ses résultats aux différentes élections présidentielles sont faibles et très irréguliers : 17 % en 2000, 5 % en 2007 et 13 % en 2012.

Les règlements de compte avec le parti socialiste se sont poursuivis entre Moustapha Niasse et Ousmane Tanor Dieng pour une candidature unique de la coalition à l'élection présidentielle de 2012. Les déchirements qui s'en sont suivis ont brisé l'élan unitaire de cette coalition et leur ont ôté toute chance de voir l'un ou l'autre des deux rivaux élu président de la République du Sénégal.

En février 2012, avec son énième revers à l'élection présidentielle, Moustapha Niasse n'était même pas qualifié au second tour. Il devait se contenter, pour la deuxième fois, de son titre de faiseur de roi en participant à la coalition victorieuse du second tour, la coalition Benno Bokk Yakar, une coalition de coalitions. En guise de reconnaissance, le président Macky Sall le désigna comme président de l'Assemblée nationale, décision qui sera avalisée et entérinée par la majorité mécanique de Benno Bokk Yakar à l'Assemblée nationale où cette directive présidentielle est passée comme une lettre à la poste.

Il apparaît que le parcours de ce dinosaure politique qui a siégé dans les gouvernements des présidents Léopold Sédar Senghor, Abdou Diouf et Abdoulaye Wade avant d'être le chef du pouvoir législatif sous Macky Sall, et qui a donc mangé à tous les râteliers, est très riche et bat tous les records de longévité. Son parcours ne semble pas être motivé que par le pouvoir et les fonctions politiques qu'il offre. Il fait partie de l'élite politique qui prend en otage la démocratie sénégalaise. A 80 ans, sa présence dans les sphères de décision de l'État est inutile. Elle accentue les tensions et coûte excessivement cher aux contribuables sénégalais. Il s'agit d'une situation inacceptable qui marque l'histoire politique du Sénégal.

En ce qui concerne Djibo Leyti Ka, il a occupé plusieurs postes politiques stratégiques. En 1977, il succédait à Moustapha Niasse dans le cabinet du président Léopold Sédar Senghor dont il sera le dernier directeur de cabinet. Après l'accession d'Abdou Diouf à la présidence de la République en 1981, il devint ministre sans interruption jusqu'en 1996 et occupa successivement diverses fonctions. En 1981, il était nommé ministre de l'Information et des Télécommunications dans le gouvernement d'Habib Thiam, en remplacement de son oncle Daouda Sow. De 1988 à 1990, il occupa le poste de ministre du plan et de la coopération, de 1990 à 1991, ministre de l'Éducation nationale, de 1991 à 1993, ministre des Affaires étrangères et de 1993 à 1995, ministre de l'Intérieur avant de créer, avec dix autres camarades, l'Union pour le Renouveau Démocratique (URD). Il ne s'est présenté qu'aux élections présidentielles de 2000 et obtient 7,08 % des suffrages.

Quant à Robert Sagna, il créa un parti intitulé Démocratie-solidarité dont le résultat obtenu aux élections présidentielles de 2007 est de 2,58 %. Rappelons que Robert Sagna fut plusieurs fois ministre d'abord sous la présidence de Léopold Sédar Senghor puis sous la présidence d'Abdou Diouf. Il a été député et maire de Ziguinchor pendant 24 ans. Depuis le début du conflit en Casamance, il est devenu l'un des principaux négociateurs pour le retour de la paix. Il est le président du Groupe de Recherche pour la Paix en Casamance(GRPC).

Toutes ces informations montrent à quel point le parti socialiste a du mal à fédérer ses cadres dirigeants. Aujourd'hui, il continue d'être divisé. En effet, Aissata Tall Sall, une femme politique, avocate, membre du bureau politique du parti socialiste, ministre sous la présidence d'Abdou Diouf, députée et maire de Podor depuis avril 2009 crée son propre mouvement et s'oppose de manière catégorique à l'orientation du parti et sur sa gestion. Aujourd'hui, elle fonde un mouvement du nom de « Osez l'avenir ». Elle semble prendre son bâton de pèlerin pour conquérir le pouvoir.

Le parti socialiste est également affecté par l'affaire Khalifa Sall maire de Dakar depuis 2009. Avant son accession à la tête de la mairie de la capitale, Khalifa Sall avait occupé en1993 le poste de ministre délégué auprès du Premier ministre chargé des relations avec les Assemblées. Il occupera ce poste jusqu'en 1998 et devient alors ministre du Commerce et de l'Artisanat du dernier gouvernement du président Abdou Diouf dirigé par Mamadou Lamine Loum. Khalifa Sall a été arrêté depuis le mois de mars 2017 dans une affaire de la caisse d'avance réglementée par un arrêté du 31 janvier 2003, ayant pour objet de couvrir des dépenses destinées essentiellement aux populations nécessiteuses. Il est exclu par ses camarades du parti socialiste. S'agit-il d'un complot politique destiné à lui barrer la route en vue de la présidentielle qui se tiendra le 24 février 2019 ? C'est une évidence. En effet, tout a été mis en œuvre pour l'accuser, le juger rapidement et le mettre en prison. En tous cas, le contexte dans lequel il se trouve actuellement risque d'avoir de fâcheuses répercussions sur ses ambitions politiques.

Toutes ces personnalités sont en désaccord avec leur parti politique. La raison évoquée est l'ancrage du parti dans Benno Bokk Yaakar, situation qui laisse présager qu'il continuera à gouverner avec cette coalition et abandonnera la reconquête du pouvoir. D'autres positionnements divisent également les militants. Il s'agit de la nomination d'Ousmane Tanor Dieng à la tête du Haut Conseil des Collectivités Territoriales (HCCT), nomination que ses détracteurs considèrent comme un cadeau empoisonné. Ils considèrent cette proposition comme une récompense personnelle et bien sûr un moyen d'empêcher le parti de concourir aux élections futures. Le choix du oui, recommandé par le parti socialiste, au référendum du mardi 16 février 2016 relatif au projet de réforme constitutionnelle pour une réduction ou non du mandat présidentiel interroge également des militants et des responsables politiques socialistes.

Pour notre part, nous pensons que le parti socialiste a clairement choisi de renforcer sa position dans Benno Bokk Yaakar. Il s'agit d'un choix que nous comprenons. Avec à sa tête Ousmane Tanor Dieng, le parti socialiste est divisé. Il ne parvient plus à jouer les premiers rôles dans le champ politique sénégalais. Ses résultats, toutes élections confondues, ne cessent de chuter. Conscients de cette réalité et du fait que l'avenir des formations politiques réside dans leurs capacités à fonder des alliances durables et bénéfiques, les responsables du parti choisissent la coalition à la place de la marginalisation.

Dans Benno Bokk Yaakar, le parti socialiste reste l'un des gardiens du temple. Il occupe, en toute garantie et sécurité, les postes de l'Éducation nationale (35 % du budget de l'État), de l'élevage et de la production animale, du Haut Conseil des Collectivités Territoriales (150 membres, un budget de 6,5 milliards de francs CFA et 500 000 de francs CFA de fonds politiques).

Nous sommes favorables à l'idée de coalition devenue une réalité politique au Sénégal. Il s'agit maintenant de la traduire en projet capable de faire progresser le pays aussi bien sur les plans démocratiques qu'économiques. Ce qui est loin d'être le cas. En effet, même si le Sénégal proclame une croissance de 6,5 % et une réduction de 3 % du déficit budgétaire, l'endettement s'accroit. Le chômage de masse et la pauvreté continuent d'affecter toutes les couches sociales. La justice continue d'être instrumentalisée.

- **2000-2012 : une alternance piégée**

La première alternance politique du Sénégal s'était réalisée en mars 2000 grâce au Front Pour l'Alternance (FAL). Il s'agissait d'une coalition de 23 partis qui ont tous soutenu le candidat Abdoulaye Wade au deuxième tour de l'élection présidentielle. L'objectif était d'empêcher la réélection d'Abdou Diouf au pouvoir depuis 20 ans.

En effet, après avoir éliminé Mamadou Dia, Léopold Sédar Senghor se taille une nouvelle constitution sur mesure. Il devient chef de l'État et du gouvernement et met en place une politique essentiellement axée sur l'économie. Malheureusement, et en dépit des efforts qu'il a engagés, l'économie qui demeure son cheval de bataille, s'effondre et devient son calvaire. Au début de l'année 1968, alors que les élections législatives et présidentielles approchent, il établit un premier bilan de son action à l'occasion du 6ème congrès de l'UPS. Il s'aperçoit que le Sénégal, quoique particulièrement gâté et soutenu par les bailleurs de fonds, va plutôt mal. La sécheresse de 1966 et la hausse des prix du riz consécutive à la guerre du Vietnam pèsent lourdement sur les résultats du Plan quadriennal du gouvernement de 1965 à 1969. Cela est insuffisant pour expliquer la médiocrité des résultats enregistrés. Léopold Sédar Senghor a alors recours aux grands poncifs de l'époque : détérioration des termes de l'échange, diminution des dons et augmentation parallèle des prêts des pays développés, endettement croissant et même affaiblissement progressif de la volonté d'aide des nations donatrices. Le chef de l'État demande toujours, notamment à la France, plus d'assistance, d'expatriés et d'aides techniques. Le rayonnement international de sa personnalité l'aide à obtenir des moyens financiers et matériels pour son pays. Il inocule ainsi, sans s'en rendre compte, le virus de la dépendance extérieure à l'ensemble de l'économie.

En 1968, les effets pervers de la mentalité d'assistés qui se développe alors se font encore sentir. Pour le reste, Léopold Sédar Senghor est partisan d'un socialisme pragmatique fondé sur la primauté de la production agricole. En 1967, il explique : « *nous avons choisi comme priorités non pas les infrastructures de transport et de communication, l'habitat et l'édilité, le commerce et le tourisme, mais la production, plus particulièrement industrielle et agricole* ». Comme si l'on pouvait écouler

une production dans un pays sans routes ni téléphone. Donc Léopold Sédar Senghor a mis en place une politique qui n'a pas donné des résultats satisfaisants. C'est sans aucun doute l'une des raisons qui a motivé son départ prématuré en 1980.
Son successeur Abdou Diouf tente de sauver les meubles mais se heurte aux diktats des Institutions internationales et de leurs Plans d'Ajustements Structurels. Face à la dégradation de l'économie et à l'incapacité du régime à satisfaire les doléances des populations, la perte du pouvoir se dessine. Abdou Diouf s'écarte de son électorat.

Abdoulaye Wade récupère les mécontentements et façonne son image d'homme du peuple et de la jeunesse. Il profite également de cette situation pour contester les résultats électoraux de 1988. Il provoque des violences urbaines qui marquent un tournant dans l'histoire politique sénégalaise. La dévaluation du franc CFA imposée par la France survenue le 11 janvier 1994 aggrave la situation. Les Sénégalais se paupérisent davantage. Le chômage touche toutes les couches sociales. Les secteurs clés de l'économie comme l'agriculture et la pêche s'effondrent. La santé et l'éducation se dégradent. L'opposition, aidée par la grogne grandissante des populations en grande détresse, en a profité pour réaliser l'alternance avec à sa tête Abdoulaye Wade, la personnalité politique la plus aguerrie qui prônait depuis 30 ans le changement (*Sopi en wolof*).

Une fois au pouvoir, les Sénégalais eurent l'espoir que le régime de l'alternance allait vaincre le chômage, combattre la pauvreté et proposer une gouvernance vertueuse et plus efficiente. Mais ce ne fut pas le cas. Les Sénégalais s'aperçurent que les personnalités qui entouraient Abdoulaye Wade lors de son investiture avaient tous plus ou moins gravité, à une période donnée de leur carrière, autour du régime d'Abdou Diouf. Dans ces conditions, les Sénégalais ont eu du mal à croire à son discours qui consistait à vouloir rompre avec les pratiques tant reprochées aux socialistes par l'opposition. Aussi, Abdoulaye Wade ne tarda pas à mettre en œuvre des réformes constitutionnelles pour rester au pouvoir alors qu'au départ il était promu par la plupart des partis alliés pour un mandat de transition. Mais le piège s'est tout de suite installé, car, une fois élu, Abdoulaye Wade n'a vraiment pas engagé les réformes consolidantes et démocratiques attendues. Il mit tout en œuvre pour être, pour une troisième fois, candidat à l'élection présidentielle.

Mises à part ses ambitions personnelles, Abdoulaye Wade avait le mérite d'ouvrir des chantiers comme la réalisation de l'aéroport international Blaise Diagne, l'autoroute pour désenclaver Dakar, la rénovation des villes et le renforcement de la décentralisation. Le problème est que tous ces projets ont fait apparaître de graves dysfonctionnements. La plupart d'entre eux ont été précipités et sont restés en friche faute de moyens adéquats tandis que d'autres, comme les chantiers de Thiès pilotés par son Premier ministre Idrissa Seck et certains projets prévus au sommet de la Conférence Islamique, font toujours l'objet de plusieurs interrogations quant à l'utilisation exacte des fonds qui leur étaient consacrés. C'est d'ailleurs l'un des points sombres des mandats d'Abdoulaye Wade, périodes durant lesquelles Karim Wade son fils et la plupart de ses ministres furent accusés ou soupçonnés par la justice sénégalaise de s'être illicitement enrichis des deniers publics.

En effet, dès l'accession de son père à la présidence de la République en 2000, Karim Wade devenait l'un des conseillers personnels du chef de l'État. Il était également président de l'Agence Nationale de l'Organisation de la Conférence Islamique (ANOCI) dont le onzième sommet s'était tenu à Dakar en mars 2008. Ses ambitions politiques l'amenèrent à concourir pour la mairie de la capitale Dakar. Sa candidature se solda par un échec face à Khalifa Sall candidat de la coalition Benno Sigguil Sénégal. Karim Wade resta simple conseiller municipal, sa première fonction élective. Mais la question qui a animé et qui anime toujours le débat politique au Sénégal est de savoir jusqu'où ira Karim Wade ?

Des rumeurs de son ambition présidentielle ont longtemps marqué l'opinion sénégalaise. Elles n'ont jamais été confirmées ni par l'intéressé lui-même ni par son père. En revanche les fonctions ministérielles qu'il a occupées, les tentatives de manœuvres constitutionnelles organisées par son père laissaient présager que ce dernier mettait tout en œuvre pour que son fils lui succédât.

En effet, à la faveur du changement de gouvernement dirigé par Souleymane Ndéné Ndiaye succédant à Cheikh Hadjibou Soumaré comme Premier ministre, le premier mai 2009, Karim Wade entrait dans le gouvernement du Sénégal comme ministre d'État, ministre de la coopération internationale, de l'aménagement du territoire, des transports aériens et des infrastructures. Il occupa également, en plus, le poste de ministre de l'Énergie qu'il conserva jusqu'en 2012, année durant laquelle le régime d'Abdoulaye Wade perdit le pouvoir.

Macky Sall, président entrant, remit alors en place la Cour de Répression de l'Enrichissement Illicite (CREI) qui engage des audits qui ont abouti à l'arrestation de plusieurs personnes (25) dont, le 17 avril 2013, Karim Wade l'ancien superministre. Karim Wade était en détention à la prison centrale de Rebeus depuis son arrestation. Deux ans après, il est jugé pour enrichissement illicite, corruption et finalement condamné, lundi 23 mars, à une peine de six ans d'emprisonnement et à une amende de 138 milliards de francs CFA soit plus de 210 millions d'euros. Il bénéficiera de la grâce présidentielle le 24 juin 2016, accordée par le chef de l'État Macky Sall.

La libération de Karim Wade a bien évidemment laissé plusieurs zones d'ombre. En effet, elle a été exécutée au milieu de la nuit et un avion privé l'attendait à l'aéroport Léopold Sédar Senghor. S'agit-il d'un deal politique international ? Dans tous les cas, cette libération ne crédibilise pas les réformes qui sont annoncées pour lutter contre la corruption et les biens mal acquis.

Au regard des faits que nous venons de constater, le procès et la libération de Karim Wade montrent qu'au Sénégal, les deniers publics font toujours l'objet de gaspillage et de pillage. C'est un phénomène récurrent et révoltant dans la mesure où l'argent détourné et placé dans les paradis fiscaux n'est jamais intégralement restitué. Toutefois, que le procès soit qualifié de politique ou non, il est à noter que c'est la première fois que la justice sénégalaise audite, arrête et sanctionne d'anciens responsables politiques. Est-ce un signe d'évolution ? Sur la forme oui mais sur le fond il reste encore beaucoup de chemin à parcourir. Le procès et la libération de Karim

Wade sèment le doute quant au respect des engagements pris par le gouvernement et qui consiste à lutter sans état d'âme contre les détournements de biens publics. Ces engagements, nous le rappelons, constituent une demande sociale fortement exprimée par les populations lors des campagnes présidentielles de 2012. La gravité des charges qui ont pesé sur Karim Wade dépasse sa personne. C'est l'avenir du système de gouvernance qui est en jeu.

Pourtant, pour lutter contre la corruption, l'Office National de la Lutte Contre la Fraude et la Corruption (OFNAC), la Cour de Répression de l'Enrichissement Illicite (CREI), l'Inspection Générale d'État (IGE) et la Cour des comptes sont mises en place. Rappelons également que le Président Abdou Diouf avait créé le tribunal de la lutte contre l'enrichissement illicite. Toutes ces institutions ont du mal à accomplir leurs missions.

Selon Abdou Diouf, « *le peuple sénégalais a du mal à accepter que l'on emprisonne des coupables*[26] ». Le Sénégal est un pays où la cohésion sociale est trop forte. Souvent les personnes accusables de corruption partagent l'argent public avec les familles et avec toutes les concessions qui évidemment se liguent. De ce fait, la corruption devient difficile à prouver et à sanctionner. Personne ne parle, ni les corrupteurs ni les corrompus. Aussi, la plupart de ces institutions sont créées pour des contraindre ou pour liquider des adversaires politiques. La conséquence est que la justice et les institutions de lutte contre les biens mal acquis ne parviennent pas à mener à bien leurs missions.

---

[26] Abdou Diouf, in *Afriquinfos,* le Témoin N°1164, mai 2014.

Tous ces constats montrent que la corruption est loin d'être maîtrisée et éradiquée malgré les alertes enregistrées notamment depuis le début du mandat d'Abdoulaye Wade. En effet, dans ses ouvrages « *Wade, un opposant au pouvoir, l'Alternance piégée*[27] », « *Loterie nationale sénégalaise, chronique d'un pillage organisé*[28] », « *Contes et mécomptes de l'ANOCI*[29] », Abdou Latif Coulibaly démontrait comment le Sénégal s'enfonçait dans la spirale de la corruption, de la concussion et de la privatisation de l'État. La gestion de l'Agence Nationale pour l'Organisation de la Conférence Islamique (ANOCI) confirmait les pratiques évoquées. De gros écarts ont été constatés entre les sommes prévues et celles utilisées. Elles étaient estimées à 200 milliards de francs CFA alors que l'enveloppe autorisée était de 100 milliards. Il s'avère que 26 milliards ont été dégagés pour l'édification de villas présidentielles qui n'ont jamais vu le jour. Dans tous les cas, les sommes annoncées sont exorbitantes et les responsables politiques qui étaient chargés des projets n'ont jamais pu justifier totalement, de manière efficiente et transparente, leur bonne utilisation. Et même si c'est le cas, cela voudrait dire que plus de 200 milliards de FCFA ont été utilisés pour ne pas dire gaspillés entre la construction de bureaux pour abriter les chargés de gestion du sommet, la rénovation de 10 kilomètres de corniche déjà bitumée et la construction de villas personnelles.

---

[27] Abdou Latif Coulibaly, *Wade, un opposant au pouvoir, l'Alternance piégée*, Paris, Éditions Sentinelles, 2003.

[28] *Loterie nationale sénégalaise : chronique d'un pillage organisé*, Paris, L'Harmattan, 2007

[29] Comtes et mécomptes de l'ONOCI, Paris, L'Harmattan, 2009.

Le bilan du sommet est négatif, car les personnes qui étaient chargées de l'organisation de cette manifestation, ont mal utilisé voire pillé les ressources qui devaient lui être consacrées. Ensuite, pour combler les déficits l'État emprunte auprès des institutions internationales. En effet, entre 2006 et 2012, la dette du pays a triplé passant de 1002,7 milliards à 3041 milliards de francs CFA en 2012.

À notre sens, Abdoulaye Wade a lui-même organisé sa destitution. Il a endetté le pays et engagé une liquidation politique non seulement de ses adversaires mais également celle des leaders de son camp. Il a commencé par Moustapha Niasse qu'il avait choisi comme Premier ministre. Ensuite, Amath Dansokho, à l'époque secrétaire général du Parti de l'Indépendance et du Travail (PIT), Abdoulaye Bathily de la Ligue Démocratique/Mouvement pour le Parti du Travail (LD/MPT), Idrissa Seck Premier ministre, Macky Sall Premier ministre puis président de l'Assemblée nationale, Youssou Ndour et Bara Tall entrepreneurs. En revanche, il a consolidé de manière exponentielle les pouvoirs de son fils Karim Wade.

À la lecture de ses pratiques, nous pensons qu'Abdoulaye Wade n'a pas respecté les engagements pour lesquels le peuple sénégalais s'était mobilisé pour l'élire. Les différentes manifestations enregistrées au début de son deuxième mandat n'ont pas tardé à le lui faire savoir. Le régime de l'alternance avait engagé une multitude de réformes dans la précipitation. Finalement, la majorité d'entre elles se sont très mal réalisées faute de préparation en amont et de volonté d'associer les Sénégalais à la reconstruction nationale. Une bonne partie des réformes annoncées n'ont jamais vu le jour.

Nous tirons la conclusion selon laquelle les doléances majeures des Sénégalais n'ont jamais été satisfaites sous l'alternance 2000/2012. C'est à partir de ce moment-là que la fleur de l'alternance commençait à se faner. Alors se dessine une deuxième alternance qui réserve de nombreuses surprises.

- **2012 : une alternance inédite mais biaisée**

Dans cette partie, nous mettons particulièrement l'accent sur la volonté du peuple sénégalais, toutes catégories sociales et politiques confondues, à se mobiliser collectivement et rapidement pour faire partir le chef de l'État Abdoulaye Wade qui mettait tout en œuvre pour briguer un troisième mandat. Il s'agit également de rappeler les rôles particuliers que la presse et la société civile ont joués et continuent d'exercer dans le jeu démocratique. En effet, les Sénégalais semblent acquérir une maturité politique. Ils l'ont démontrée le 19 mars 2000, date à laquelle ils avaient réussi une première expérience qui a marqué l'histoire du pays : un changement légal de pouvoir grâce à un vote totalement libre et démocratique. Il s'agit d'un exemple à suivre, dans un continent où les guerres civiles, les coups d'État militaires, le parti unique et les révolutions violentes ont été considérés, pendant plusieurs années, comme les seuls modes possibles et admis de conquête du pouvoir.

Le mérite en revient à l'ensemble des Sénégalais. En effet, tout le monde avait joué le jeu. Cet engagement politique en construction s'est confirmé en 2012, année à laquelle la deuxième alternance du pays s'est réalisée pacifiquement. Plusieurs raisons expliquent cette transition démocratique. Tout d'abord, l'arrivée d'Abdoulaye Wade au pouvoir en 2000 avait suscité une forte espérance. Nos concitoyens l'avaient fortement exprimé à travers les manifestations et dans les urnes. Ils espéraient de meilleures conditions de vie, une gestion plus efficiente, équitable des deniers et des biens publics. Ils souhaitaient et souhaitent toujours la restauration de l'image de l'État qui sert uniquement les intérêts des responsables politiques. Mais, très vite, nous l'avons constaté dans le chapitre précédent, le bilan de l'alternance faisait apparaître des symptômes de mal gouvernance. Les scandales de corruption se multipliaient et provoquaient l'implication progressive de la jeunesse et de la société civile dans les mouvements de dénonciation et de protestation.

Ce climat tendu était accompagné par la cherté de la vie, les coupures répétitives d'électricité, les inondations à chaque saison des pluies et la hausse vertigineuse du chômage des jeunes. Tous ces paramètres ont poussé alors les jeunes à s'engager massivement sur le terrain pour montrer au régime leur mécontentement. C'est la naissance de mouvements comme celui du 23 juin (*le M23*) initié par le collectif citoyen *y'en a marre* créé en janvier 2011 par des musiciens rappeurs en collaboration avec des journalistes.

Cette contestation directe du pouvoir défie le président Abdoulaye Wade, âgé de 86 ans, au pouvoir depuis 2000. L'objectif étant de tout mettre en œuvre pour l'empêcher de gagner le scrutin du 26 février 2012 pour un troisième mandat alors qu'il s'était engagé en 2000 à ne pas se présenter en 2012.

Malgré toutes ces alertes, Abdoulaye Wade persiste et se livre au *Waax Waxet* qui signifie c*e que j'avais dit, je le retire*. C'est un comportement que les Sénégalais ne lui ont pas pardonné, car culturellement indigne. Quant aux partis politiques de l'opposition, ils comptaient sur le Conseil constitutionnel pour invalider la candidature d'Abdoulaye Wade. Mais contre toute attente, celui-ci accepta sa demande et brisa ainsi les derniers espoirs de l'opposition. Aucun recours n'était alors possible pour contester la validité de la candidature d'Abdoulaye Wade, mise en doute par de nombreux juristes. Restait alors la rue.

Le Front contestataire se mettait en place. Il était large, divisé mais déterminé. Des manifestations s'organisaient notamment à Dakar la capitale, en banlieues, un peu partout au Sénégal et dans la diaspora. Les premières mobilisations n'avaient pas réussi à attirer et fédérer un nombre suffisant de manifestants au point d'intimider ou de faire reculer le gouvernement. C'est normal. Ce n'était que le début des opérations et des hostilités. Des divisions se réalisaient également. Toujours confiant, le gouvernement accentua le rapport de force et organisa volontairement l'invalidation de la candidature de Youssou Ndour, l'artiste musicien le plus populaire du pays. Cette décision sonnait comme une provocation supplémentaire. Elle accentua les mouvements de révolte anti-Abdoulaye Wade.

Les partis politiques inquiets et plus ou moins distancés par la société civile finiront par abandonner leurs réunions de bureau et à s'organiser pour mettre en place des stratégies visant à empêcher Abdoulaye Wade de briguer un troisième mandat. Ils s'allieront de plus en plus à la société civile. Le pouvoir continua ses provocations à travers de virulents communiqués de presse. Il manifesta sa satisfaction de ne pas voir ses adversaires politiques à la pointe du combat dans la rue. Il les accusa d'envoyer les jeunes affronter les forces de l'ordre.

Les conclusions que nous tirons de ces faits sont que les jeunes incarnent et portent de plus en plus les mobilisations politiques en Afrique et en particulier au Sénégal. Séverine Awenengo Dalberto l'atteste dans son rapport intitulé « *Le Sénégal : les nouvelles formes de mobilisations de la jeunesse*[30] ». En effet, elle met l'accent sur l'engagement des jeunes dans la contestation du pouvoir et recommande aux responsables politiques de prendre en compte cette nouvelle donne.

Cette volonté s'était déjà exprimée avant l'alternance de 2000, au temps d'Abdoulaye Wade qui, en tant qu'opposant, s'était présenté comme le candidat des jeunes et du *Sopi* (changement en Wolof). Aujourd'hui, on constate une implication progressive de la jeunesse dans les mouvements de contestation à chaque fois que le régime ne tient pas ses promesses électorales. Ces mobilisations étaient violentes suite au naufrage du bateau « le Joola » sur les côtes gambiennes en 2002, faisant environ 2000 morts. L'État était accusé d'avoir une grande responsabilité dans cette catastrophe. Il n'avait pas pris les mesures de sécurité nécessaires pour l'éviter.

Les manifestations de contestation ont également été fréquentes face à l'émigration sauvage vers les pays européens *Barça ou Barsakh* qui, en Wolof, signifie : aller à Barcelone ou mourir. Toutes ces alertes étaient donc

---

[30] Séverine Awenengo Dalberto, *Sénégal, les nouvelles formes de mobilisation de la jeunesse*, recherche CNRS, octobre, 2011.

bien présentes. Mais patients et tolérants, les Sénégalais accordent à Abdoulaye Wade un sursis et le réélisent en 2007 avec 55,9 % des suffrages, en dépit des réserves émises sur le déroulement du scrutin et sur la fiabilité du fichier électoral.

Le président Abdoulaye Wade continuait à séduire les jeunes qui pensaient qu'il fallait lui accorder un sursis en lui laissant le temps de finaliser les projets déjà engagés. Ce n'est qu'en 2007, dès le début de son deuxième mandat, que le contrat matériel et moral noué entre Abdoulaye Wade et le peuple se brise. Les années 2008/2011 marquent l'apogée de la désaffection de la jeunesse pour le régime libéral. Les élections locales de 2009 affichent une première alerte. Le parti démocratique sénégalais les perd à Dakar et dans la plupart des zones urbaines.

Malgré tout ce désamour, le régime continue d'opérer des choix démesurés qui désolent de plus en plus les populations. Abdoulaye Wade, se lance de façon inattendue dans des investissements pharaoniques. Il réalise le monument de la renaissance africaine dont le coût est estimé à 24 millions d'euros. L'échec subi aux élections locales de 2009, n'a pas non plus empêché Abdoulaye Wade de nommer son fils à la tête de plusieurs départements ministériels de premier plan malgré sa cuisante défaite pour la mairie de Dakar dès le premier tour.

Karim Wade est alors chargé de la coopération internationale, des transports aériens, des infrastructures et de l'énergie. Ces nominations suscitent des craintes de dévolution monarchique et provoquent de houleux débats un peu partout dans le pays et dans la diaspora. La jeunesse se sent trahie et laissée pour compte. Elle initie et généralise les émeutes qui provoquent dans un premier temps la victoire de la rue et de l'opposition contre le projet de réforme constitutionnel construit autour du ticket présidentiel. Il s'agit d'un système qui permet de faire élire un vice-président en même temps que le président et d'organiser les conditions d'une succession sans repasser par l'élection. Cette seconde alerte du 23 juin 2011 a rendu le peuple plus motivé au point de ne plus rien céder au régime.

Le pouvoir continue ses manœuvres en effectuant de nouvelles nominations au Conseil constitutionnel, en mettant en place une nouvelle commission électorale et en réalisant un nouveau redécoupage des collectivités locales. Les leaders du PDS créent des mouvements concurrents : mouvements sportifs de nawétanes et culturels, collectifs autour des écuries de lutte, très populaires dans les banlieues. Ils promettent également aux jeunes 100 000 emplois immédiats. Mais c'était trop tard. La page semblait être tournée. Le politique est banalisé, défié et cela pourrait être durable au Sénégal.

En tout cas nous souhaitons que les mobilisations des jeunes servent d'exemples aux chefs d'État africains qui ne manifestent aucune volonté de quitter le pouvoir même en cas de défaite. Il est temps qu'ils prennent conscience de la nécessité de tout mettre en œuvre pour favoriser des transitions politiques démocratiques. Ils doivent savoir qu'ils n'ont plus le soutien total et naturel des anciennes puissances colonisatrices. Ils n'ont plus également le monopole de l'information. Le développement rapide des réseaux sociaux fait que les populations se forment et s'informent davantage et rapidement.

La presse et les médias jouent également un rôle de plus en plus déterminant. Depuis les années 1990, le paysage médiatique sénégalais s'est élargi grâce à la naissance de radios privées, des presses écrites sous forme d'hebdomadaires et de quotidiens. La presse joue un rôle fondamental dans le processus de consolidation de la démocratie. Même si la corruption gangrène le milieu des responsables des médias, la presse connaît une évolution notoire dans le pays. Elle permet d'informer les populations et d'élargir leur champ de connaissances en captant leur attention et en éveillant en eux des aspirations autres que la soumission. Elle l'a souvent fait de manière honnête et intègre malgré les difficultés auxquelles elle est confrontée.

Les médias contribuent à l'instauration du pluralisme politique. Ils renforcent et consolident le débat démocratique en se faisant l'écho de toutes les opinions, en rapportant les faits utiles à la compréhension des enjeux politiques du pays. Je l'affirmais dans mon ouvrage intitulé « *Quelles alternatives pour l'Afrique*[31] ».

Le Sénégal compte plusieurs titres quotidiens dont les plus connus sont Le Soleil, Walffadjri, Le Quotidien, la Gazette, l'Observateur, Nouvel horizon. Il dispose d'une centaine de radios commerciales et communautaires qui permettent de s'adresser aux populations dans leurs propres langues.

En matière de télévision, le Sénégal diffuse des informations sur la Radiodiffusion Télévision Sénégalaise (RTS) qui est celle de l'État. La Télévision Futurs Médias (TFM) de Youssou Ndour, la 2STV, Touba TV, Walf TV,

---

[31] Momar-Sokhna Diop, *Quelles alternatives pour l'Afrique* ? Paris, L'Harmattan, 2009.

canal info news communiquent également avec l'ensemble des citoyens. La presse en ligne s'est également développée autour de Sénéweb.com, de Rewmi.com, du Sudonline, etc.

Donc, le Sénégal dispose d'une large gamme d'infrastructures médiatiques. C'est ce que Momar Coumba Diop démontre lorsqu'il constate qu'entre 2000 et 2012, « *la diffusion de journaux privés régionaux, difficilement contrôlables, s'est accélérée et a permis d'élargir le paysage médiatique sénégalais*[32] ».

Il faut également rappeler le rôle particulier joué par Youssou Ndour. Chanteur reconnu, il est propriétaire du groupe Futur Médias qui est essentiellement composé d'une radio et d'une télévision Futurs Médias (TFM), deux outils qui ont renforcé le dispositif de l'information au Sénégal. Ce développement médiatique désacralise le pouvoir politique et le pouvoir d'État. En effet, ce sont ces médias qui servent d'instruments de formation et d'éducation et qui aident les populations à découvrir et à prendre conscience des dérives du régime de l'Alternance de 2000. Ils amènent de nombreux responsables à renoncer à certaines pratiques controversées. En effet, au temps d'Abdoulaye Wade, la vie privée des élus était devenue banale. Les médias pouvaient y accéder mais aussi y donner de la critique sans gêne. De telles investigations ont prospéré à la présidence où l'aile protectrice du palais adoptait une attitude inacceptable à l'égard de tous ceux qui exprimaient une opinion contraire à la leur.

---

[32] Momar Coumba Diop, *Le Sénégal sous Abdoulaye Wade, le Sopi à l'épreuve du pouvoir*, Paris, Karthala, 2013.

Cela dit, il s'avère indéniable que la presse a contribué à la chute du régime d'Abdoulaye Wade malgré tous les moyens qu'il a mis en œuvre pour remodeler, à son avantage, les paysages médiatiques et de la communication. Il avait essayé de faire en sorte que la plupart des directeurs des organes de presses deviennent les interlocuteurs du pouvoir.

En 2012, les médias avaient joué un rôle primordial notamment en demandant aux jeunes de s'inscrire massivement sur les listes électorales et surtout d'éviter les actes de pillage et de violence qui risquent d'embraser le pays et de donner l'occasion au pouvoir de se dédouaner de la situation périlleuse dans laquelle se trouve le Sénégal. C'est ainsi que *ma carte, mon arme* devient le slogan et le cheval de bataille de la jeunesse. Les résultats des inscriptions furent implacables. À la clôture des inscriptions sur les listes électorales, 293 000 électeurs sur le territoire national et 64 000 chez les Sénégalais de l'extérieur de plus sont inscrits par rapport au fichier de 2010. 80 % des nouveaux inscrits étaient des jeunes.

Les réseaux Internet des groupes de rappeurs, des associations de jeunes s'activent partout dans le monde. Ce zèle de la jeunesse permet à de nombreuses personnes de s'affirmer comme acteurs dans le champ local et dans les studios d'enregistrement. Les partis de l'opposition ont réagi plus tard mais ont été unanimes et fermes dans le combat pour faire partir le chef de l'État. Ils ont mis du temps à essayer de se donner les moyens d'accéder au pouvoir en 2012 grâce par exemple à la mise en place de la coalition Benno Sigguil Sénégal. Confronté au problème de leadership, la coalition montre ses limites et son incapacité à se mettre en place à cause des positions partisanes. Pourtant, la configuration électorale et le passé devraient leur servir de leçon et leur permettre de trouver un candidat consensuel, capable de mobiliser largement au-delà des partis. Il fallait s'unir pour exister et peser ou refuser l'union et se résoudre à périr individuellement et collectivement. C'est ce qui s'est passé et contre toute attente, Macky Sall, l'un des plus fidèles compagnons et collaborateurs du régime sortant, passe le premier tour et arrive en deuxième position avec 26,58 % des suffrages contre 34,81 % pour Abdoulaye Wade.

Si Macky Sall a réussi son projet, c'est parce qu'il a sans doute su mieux organiser son parti l'Alliance Pour la République (APR). Il a mené très tôt sa campagne électorale partout au Sénégal et dans la diaspora. Au deuxième tour, il est bien évidemment soutenu par tous les partis au sein de la coalition Benno Bokk Yaakar, par une partie de la société civile, toujours dans l'objectif de faire partir Abdoulaye Wade et son équipe. Le scrutin s'est soldé par la victoire de Macky Sall qui recueille 65,8 % des suffrages au second tour.

Nous pensons que Macky Sall, élu président de la République en mars 2012, a tout simplement réussi à saisir le bon moment pour se faire élire. Sa réussite politique s'est probablement réalisée grâce à l'expérience qu'il a acquise en tant que ministre, Premier ministre et président de l'Assemblée nationale. En effet, ces fonctions lui ont permis d'être connu, car il était très médiatisé à l'époque où il venait de prendre la place d'Idrissa Seck Premier ministre et un des piliers du Parti Démocratique Sénégalais (PDS). Aussi, il s'est très vite donné les moyens de trouver les stratégies à mettre en place pour prospecter et mobiliser l'électorat populaire qui représente 80 % de la population.

Deux années avant les échéances électorales, le candidat Macky Sall organisait constamment des tournées de précampagne dans tout le pays y compris la diaspora. Il mettait des moyens financiers conséquents et du temps pour mobiliser les masses à l'occasion de dîners débats, d'échanges dans les foyers d'immigration en France, en Italie, en Espagne et aux États-Unis. Il rendait également visite à des chefs de villages du Sénégal et à des khalifes religieux très influents pendant que les autres opposants essayaient de trouver un consensus au sein de leur coalition et parti.

Aujourd'hui, les critiques qui lui sont adressées sont nombreuses. Ses détracteurs lui reprochent de continuer à faire du pouvoir une affaire familiale. Ils lui reprochent de s'allier avec des personnalités comme Moustapha Niasse et Ousmane Tanor Dieng pour les récompenser et les museler. L'emprisonnement de Khalifa Ababacar Sall sert aussi d'argument à l'opposition qui pense que c'est tout simplement un moyen d'écarter un candidat pour l'élection présidentielle de février 2019. On pourra multiplier les exemples. Mais nous nous contentons de dire que si ces critiques sont objectives, nous les partageons et c'est au président et à son équipe d'en prendre conscience et d'en tirer les conclusions nécessaires. Toutefois, n'oublions pas que le pouvoir est exercé par la coalition Benno Bokk Yaakar. Tous les partis qui composent cette coalition sont comptables de la gestion du pays. Ce qui est important, ce n'est pas d'accuser un tel ou tel. Il s'agit de voir comment s'organiser pour que ceux qui exercent le pouvoir soient contraints de garantir et de protéger les infrastructures et les institutions de la République. Il s'agit d'œuvrer pour que la gestion transparente, juste et vertueuse promise par le candidat Macky Sall soit respectée. Cela ne semble pas être tout à fait le cas.

Tout sénégalais a le droit, voire le devoir de formuler une critique objective du bilan de Benno Bokk Yaakar. En revanche, ce qui n'est pas acceptable c'est la volonté affichée par certains contestataires de déstabiliser le régime en tenant des propos injurieux et souvent arbitraires. Ces attitudes sont souvent adoptées par des opposants et des mécontents qui ont déjà exercé le pouvoir à des fins personnelles. D'ailleurs, ces mêmes personnes sont celles qui transhument régulièrement lorsqu'on leur offre des opportunités de postes et des avantages financiers.

Cela dit, nous savons que la coalition a des forces mais aussi d'énormes faiblesses. C'est à nous, citoyens, de nous mobiliser pour déjà avoir les bonnes informations et à tout mettre en œuvre pour que la reconstruction du pays se fasse dans les meilleures conditions mais sans vitesse ni précipitation.

Comme nous le rappelle Moustapha Kassé, « *il faudra une longue période de luttes et sûrement de travail pour vaincre les structures antidémocratiques, génératrices de la pauvreté... afin d'installer les bases d'une société sénégalaise qui résolve l'ensemble des problèmes impliqués dans le sous-développement*[33] ».

Benno Bokk Yakar a la charge de gérer le Sénégal, pays qui possède des atouts et des opportunités à saisir et qui

---

[33] Moustapha Kassé, *Du sous-développement au socialisme*, Silex, 1988.

pourraient l'aider à aller mieux. Nous l'avons démontré. Nous, citoyens, devons prendre conscience de ces rêves et veiller à ce qu'ils se traduisent en réalité. Nous nous dirigeons vers les échéances de février 2019, date à laquelle auront lieu la prochaine élection présidentielle. A nous d'établir, ensemble, le bilan de l'alternance de 2012 et d'en tirer les conclusions nécessaires. S'il s'avère que le bilan est satisfaisant, ceux qui continueront de soutenir Benno Bokk Yaakar auront raison de le faire. Dans le cas contraire, ce sera au peuple et uniquement à lui de sanctionner le régime grâce aux urnes. Tout ce que nous souhaitons, c'est que les transitions politiques se réalisent démocratiquement.

- **Une démocratie affectée par des violences politiques**

Par violences politiques nous entendons les menaces verbales, les insultes, les agressions physiques voire les assassinats. Elles se développent au Sénégal. Elles sont liées à l'accroissement du nombre de partis politiques sans contrôle, à la transhumance, au clientélisme devenus insupportables, à l'absence de sanction et au fait que le champ politique est devenu un marché très lucratif.

En ce qui concerne les partis, le Sénégal est affecté par une inflation de formations politiques. Estimées à plus de 280, la plupart ont été créées entre 2000 et 2012. Sous Léopold Sédar Senghor, il n'y avait que 4 partis. Sous Abdou Diouf, le nombre est passé à 37.

La libéralisation des formations politiques a été accélérée par Abdou Diouf et Jean Collin qui avaient brutalement laissé proliférer les partis sans la moindre précaution. Abdoulaye Wade et Macky Sall n'ont fait qu'entériner et entretenir ce qui existait. Dans tous les cas, de nombreuses formations politiques ont vu le jour, formations dont le but n'est ni de défendre un programme crédible ni de consolider la démocratie. La plupart d'entre elles se constituent pour satisfaire des ambitions personnelles. C'est une situation inacceptable qui rend floue l'offre politique et qui provoque des violences de toutes sortes notamment à travers les réseaux sociaux.

Les violences se manifestent au sein d'un même parti et entre adversaires de formations politiques différentes. Les plus regrettables sont les agressions physiques, les meurtres et tentatives d'assassinat. Nous regrettons les cas de Maître Babacar Sèye et de Talla Sylla, deux faits qui restent gravés dans l'histoire politique du pays.

Dans *Sénégal, Affaire Maître Sèye,* Abdou Latif Coulibaly atteste que *« l'assassinat du juge Babacar Sèye est un meurtre purement politique*[34] ». En effet, en tant que vice-président du Conseil constitutionnel, organe chargé de gérer et de proclamer les résultats des différentes élections, Maître Babacar Sèye est assassiné le 15 mai 1993, vingt-quatre heures après la proclamation des résultats des élections législatives du 9 mai, qui donne une large victoire au Parti Socialiste (PS), au détriment du Parti Démocratique Sénégalais (PDS) que dirige Abdoulaye Wade. Évidemment, le PDS est soupçonné. Les soupçons se sont renforcés lorsqu'en 2000, Abdoulaye Wade, élu président de la République pose des actes douteux. Il gracie les assassins présumés.

Pourtant, plusieurs révélations parmi lesquelles celles de Pape Samba Mboup, ancien chef de cabinet du

---

[34] Abdou Latif Coulibaly, *Sénégal, Affaire maitre Sèye, un meurtre sur commande*, Paris, L'Harmattan, 2005.

président Abdoulaye Wade restent inquiétantes. Il affirmait avoir remis des centaines de millions de francs CFA à Clédor Séne, qui après son arrestation par la gendarmerie, aurait avoué avoir été le chauffeur de la voiture utilisée lors du meurtre.

Une autre interrogation est de savoir pourquoi la mise en place de *la loi Ezzan* qui amnistie les personnes reconnues coupables du crime ? Pourquoi avoir donné de l'argent à la famille du défunt, 10 années après ? Pourquoi Abdoulaye Wade qui a été virulemment accusé dans le livre d'Abdou Latif Coulibaly n'a même pas daigné répondre ? Tout cela continue de faire régner le doute. Et quand c'est flou, c'est qu'il y a un loup.

Avec l'assassinat de Maître Babacar Sèye, le flou restera toujours gravé dans la mémoire de nos concitoyens. Il s'agit d'une affaire qui montre à quel point la vie politique est affectée par des violences.

S'agissant de Talla Sylla, il a été victime d'une tentative d'assassinat politique dans la nuit du 5 au 6 octobre 2003 à Dakar. Talla Sylla est l'un des opposants les plus virulents du pays. Il a toujours et particulièrement dénoncé les dérives politiques du PDS et de son leader Abdoulaye Wade. C'est sans doute la raison pour laquelle il a frôlé la mort à quelques encablures du restaurant *Le Régal*, vers l'avenue Cheikh Anta Diop de Dakar. Ce jour-là, il avait été lâchement agressé par des individus à coups de marteau. Les séquelles de cet acte barbare l'ont cloué au lit pendant des années. Toutes ces agressions politiques restent impunies.

La transhumance constitue également une violence politique inquiétante. Elle fragilise la démocratie. Les raisons qui poussent les Sénégalais à transhumer sont les privilèges et les avantages que l'on peut leur accorder en contrepartie. Ce phénomène est encouragé par le clientélisme et la corruption électorale.

Au Sénégal il n'est pas pensable de gagner des élections sans l'appui de certaines personnalités religieuses, de son ethnie, de sa famille et de ses amis. Pour gagner des voix, les politiques détournent les consciences des populations grâce à l'argent et aux avantages matériels qu'ils leur accordent. C'est ce que démontre Abdoul Aziz Mbacké. Selon l'auteur chercheur, *« les rapports entre les pouvoirs politiques et religieux ont toujours suscité, un peu partout dans le monde et au fil de l'histoire, des controverses assez passionnées, aussi bien dans les analyses géostratégiques internationales que dans les débats qui secouent régulièrement le landerneau politique, médiatique et intellectuel*[35] ».

Au Sénégal, l'implication des communautés religieuses dans la vie politique est visible et très active. Elle suscite diverses réactions, allant d'une simple analyse critique à des accusations de plus en plus graves. En effet, l'interventionnisme des religieux dans le jeu politique sénégalais est de plus en plus condamné, car considéré comme contraire aux principes républicains. Le vote confrérique constitue un joker décisif du jeu politique sénégalais. Il est considéré comme une menace qui altère le principe du libre choix souverain des citoyens à travers les consignes de vote, tacite ou explicite que donnent certains leaders d'opinion confrériques pris comme des complices des politiques. Il s'agit d'une inépuisable question qui engendre de sérieux débats au sein même de

[35] Abdoul Aziz Mbacké, Khidma, *La vision politique de Cheikh Ahmadou Bamba*, Éditions Majilis, 2010.

l'élite intellectuelle religieuse, du fait du nombre croissant d'opportunistes qui n'hésitent pas, au nom de leur communauté, à s'engouffrer dans la brèche de l'engagement politique pour des intérêts purement personnels ou individuels n'ayant rien à voir avec la doctrine à laquelle ils se réclament.

Toutefois, afin de clarifier le débat sur ces questions cruciales qui affectent le Sénégal, Abdoul Aziz Mbacké rappelle que « *la vraie cause est que beaucoup de disciples mourides ou des autres confréries ignorent encore en réalité la véritable signification de l'engagement politique car éloignés de l'idéologie enseignée par les précurseurs de la confrérie à laquelle ils s'identifient* ». Il nous invite alors à nous imprégner davantage des recommandations, par exemple, de Cheikh Ahmadou Bamba et d'El hadj Malick Sy. Aussi longtemps que la clarification de la vraie doctrine de ces penseurs restera inachevée, l'amalgame continuera à s'installer dans le débat politique au Sénégal.

Toutes les confréries religieuses sont concernées par ce phénomène. Les communautés religieuses se doivent d'impulser le développement économique et de servir de levier de cohésion sociale. En effet, elles ont toutes une capacité à mobiliser en un temps record d'importantes ressources humaines et financières. Souvent, les dons qu'elles perçoivent permettent d'entretenir les lieux de cultes, d'aider les plus démunis, de faire face aux différentes manifestations religieuses de l'année. La part affectée à des investissements productifs est faible. C'est pourquoi, nous pensons à la nécessité de consacrer une part de ces ressources à l'agriculture, à l'industrialisation des produits agricoles, à l'industrialisation des déchets, un problème qui affecte toutes les villes religieuses du Sénégal. Le rôle de l'État et des collectivités consistera à accompagner administrativement et techniquement la réalisation des projets au lieu de les utiliser à des fins politiques.

Les responsables religieux pourraient également continuer à attirer l'attention des Sénégalais sur la nécessité d'apprendre et d'appliquer les recommandations religieuses. Nous sommes conscients que la religion doit rester une affaire personnelle. Mais au regard de la place qu'elle occupe au Sénégal, nous pensons qu'elle pourrait servir de levier pour une réorganisation plus cohérente et plus juste de la société.

En effet, au Sénégal, les principes religieux ne sont pas toujours scrupuleusement respectés. Prenons le cas du pèlerinage à la Mecque. Rappelons qu'il constitue le cinquième pilier de l'Islam. L'Islam, c'est l'attestation de foi qu'il n'y a rien de divin que Dieu et que Mohamed est un messager de Dieu. Il s'agit également d'accomplir la prière, de s'acquitter de l'aumône purificatrice, de jeûner le mois de ramadan et d'effectuer le pèlerinage à la Mecque pour celui qui en a les moyens. Mais qui au Sénégal remplit ces conditions ?

Regardons-nous dans les yeux et soyons plus responsables vis-à-vis des pratiques qui font partie de notre quotidien et de notre patrimoine culturel. Aujourd'hui, nous sommes réduits au triste constat que le pèlerinage comme la plupart des rites religieux sont devenus des phénomènes de mode. Ils mobilisent de plus en plus des personnes qui, souvent, n'ont pas les moyens physiques et financiers nécessaires. Nombreuses sont celles qui s'endettent pour aller à la Mecque ou qui acceptent de l'argent public ou privé douteux sans oublier celles qui choisissent de partir tout en laissant derrière elles des familles dont les besoins sanitaires, alimentaires et sociaux vitaux ne sont pas correctement satisfaits. Il n'est pas recommandé d'aller au pèlerinage dans ces conditions. Nous pouvons multiplier les exemples en ne citant que la tabaski ou fête du sacrifice, les Magal et les Gamou. Toutes ces manifestations religieuses font partie du quotidien des Sénégalais. Elles mobilisent tout le pays à chaque fois qu'elles ont lieu. Nous devons les consolider et en tirer tous les bienfaits attendus. Pour cela, il est indispensable d'éviter de les théâtraliser ou d'en faire des moments de plaisir personnel.

Toutes ces manifestations à caractère religieux pourraient s'organiser de façon bénéfique à condition que les citoyens connaissent et respectent les recommandations qui y sont associées. Ce travail de rappel est souvent fait par certains érudits et défenseurs des valeurs historiques du pays. Ce combat doit se poursuivre au point d'amener la majorité des Sénégalais à appliquer tout simplement les recommandations. C'est le seul moyen d'éviter les amalgames. Les guides religieux de référence ont, toute leur vie durant, combattu de telles attitudes.

Au-delà de ces faits religieux, la prolifération du multipartisme inquiète. Nous l'avons déjà évoquée. En effet, le pays est passé d'un multipartisme contrôlé à une libéralisation sans limite des partis. Nous soutenons le pluralisme politique. Toutefois, la création d'un parti doit être soumise à des règles strictes. Celles-ci pourraient concerner le parcours professionnel, les modes de financement et le casier judiciaire des candidats. Multiplier les candidatures pour espérer obtenir des postes ou pour déstabiliser le pays constitue le cheval de bataille de la plupart des candidats.

Le Sénégal a besoin de responsables politiques crédibles qui usent d'un langage clair et accessible à tous et qui posent des actes patriotes capables de sortir nos concitoyens des difficultés auxquelles ils sont confrontés. Nous avons toujours souhaité l'alternance, car elle contribue à la consolidation de la démocratie et nous autorise à espérer obtenir les transformations politiques, sociales et économiques nécessaires. Pour parvenir à changer le Sénégal, il faut des personnes qui incarnent l'intérêt général. Un changement doit être porté par des personnes exemplaires dans tous les domaines.

Les citoyens ont de plus en plus de mal à croire à des dirigeants qui leur demandent de garder l'espoir, d'être patients et de faire des efforts qu'eux et leurs familles ne font jamais. En effet, les responsables politiques inscrivent, très souvent, leurs enfants dans des établissements scolaires privés en Afrique ou à l'étranger. Leurs conjoints sont souvent médicalement pris en charge dans les pays riches avec l'argent public alors que les enfants des défavorisés fréquentent, parce qu'ils n'ont pas le choix, des hôpitaux publics mal équipés où les médicaments de base coûtent excessivement cher. Ces mêmes dirigeants n'hésitent pas à délaisser les infrastructures publiques très souvent affectées par des mouvements de grève et d'un manque de moyens.

Nos concitoyens ne sont pas dupes. Ils sont au courant de tous ces faits et manœuvres politiques. Ils sont courageux et très patients même s'ils ont mille raisons de manifester leurs colères, de s'indigner ou de se révolter. Les responsables politiques actuels et futurs doivent en prendre conscience et changer leur manière de gouverner. La politique doit assurer à la majorité des populations le bien-être. Ce n'est pas le cas aujourd'hui. En effet, la pratique la plus répandue consiste à tout mettre en œuvre pour accéder au pouvoir et à le conserver par tous les moyens. Cette conception dominante de l'exercice du pouvoir génère des conflits et des compétitions malsaines. Elle favorise les intérêts individualistes au détriment des intérêts collectifs.

En résumé, nous disons que le Sénégal a essayé, tant bien que mal, depuis presque l'indépendance, d'asseoir une démocratie politique. Cette option a permis d'éviter les aventures militaires sanglantes connues dans la plupart des pays africains. En revanche, nous constatons que la démocratie est toujours organisée par et pour les élites. Les acteurs de cette prise en otage sont les partis politiques et leurs agents, les parlementaires et la justice. En effet, aujourd'hui, quand on observe la pratique, on note que les partis ne cherchent plus à dénoncer le système. Ils s'en servent pour capter des avantages.

L'opposition semble préoccupée par un seul et unique but : la confection des listes et les places à offrir, à chaque formation politique, pour qu'elle dispose de meilleures chances de faire élire ses propres militants et désigner le ou les candidats au scrutin présidentiel. Cela semble être le cas dans la coalition Benno Bokk Yaakar, formation au sein de laquelle les postes à occuper semblent réduire la problématique de l'union au souci de sauvegarder les intérêts des partis, des hommes et femmes qui les animent. Si l'opposition restante ne change pas de méthode et de tactique, la politique actuelle risque d'être reconduite sans aucune confrontation de projets dignes de ce nom.

Aujourd'hui, le parti socialiste et son leader Ousmane Tanor Dieng, l'Alliance des forces de progrès et son chef Moustapha Niasse renoncent à la reconquête du pouvoir. Le parti démocratique sénégalais d'Abdoulaye Wade est divisé et compte sur des personnalités qui ne font pas l'unanimité. Quant à Idrissa Seck de Rewmi, il fait son chemin dans la solitude. Seul Ousmane Sonko inquiète la coalition Benno Bokk Yaakar. Il propose un projet nouveau et une nouvelle façon de faire de la politique. C'est le seul candidat qui propose des instruments de développement pour asseoir la souveraineté économique du Sénégal. Sa posture anti-système et souverainiste dérange ceux qui profitent du système et qui ne souhaitent pas qu'il change.

Face à cet éparpillement des partis politiques, l'alternance sera difficile en février 2019. C'est la question que se pose Tamsir Jupiter Ndiaye qui constate que « *ce qui manque à l'opposition, c'est un plan d'action mobilisateur autour d'un leader qui soit l'écho des frustrations et des exaspérations des masses*[36] ». En effet, certains leaders de l'opposition qui devraient proposer une alternative opérante restent trop enfermés dans le ghetto d'un esprit petit-bourgeois parce qu'ils sont encore marqués par un long séjour dans les sphères du pouvoir. C'est pourquoi on les voit rarement tenir en fin de compte des discours musclés et utiles pour leur pays.

---

[36] Tamsir Jupiter Ndiaye in Quotidien *Nouvel Horizon*, 2-10 mars, 2006.

Chapitre 7
Balkanisation et dépendance extérieure

Aujourd'hui, l'Afrique subsaharienne compte 48 pays répartis sur 4 régions. L'Afrique de l'Est, l'Afrique de l'Ouest, l'Afrique centrale et l'Afrique australe. La population est estimée à 936 millions d'habitants. « *Elle atteindra probablement 2,5 milliards d'ici 2050 et 4 milliards en 2100, un tiers de la population mondiale quand l'Europe en représente moins de 10 %*[37] ». Comme l'affirme clairement Sylvie Brunel, « *ce découpage de l'Afrique s'est en effet effectué en fonction des intérêts de l'Europe*[38] ».

Sur le plan politique, qu'ils soient démocrates modérés ou dictateurs, les dirigeants africains sont sans exception soutenus par les pays européens et notamment par la France. Cette institution de soutien aux chefs d'État, appelée *la Françafrique*, a été fondée par le Général de Gaulle. C'est lui et son administration qui ont réussi à dévoyer magistralement les indépendances des États africains.

Dans son discours d'ouverture de la conférence de Brazzaville le 30 janvier 1944, organisée par le comité français de la libération nationale, le Général de Gaulle réfutait clairement l'idée d'émancipation des colonies. Il repoussait, clairement, toute idée d'autonomie et toute possibilité d'évolution hors du bloc français de l'Empire. Yves Benot atteste également qu'au lendemain de la Seconde Guerre mondiale, « *l'armée française a massacré*

---

[37] *Le siècle de l'Afrique, réussites, défis et migrations*, Le point N° 2370 du 01/02/2018.

[38] Sylvie Brunel, *Le Sous-Développement*, Presses U de France, 1996.

des dizaines de milliers d'hommes et de femmes dont le seul tort était de revendiquer plus d'indépendance[39] ». Ce sont ces pages sanglantes de l'histoire de France, méconnues, voire effacées, qu'Yves Benot retrace dans ce livre. Mobilisant l'ensemble des documents disponibles, il montre comment et pourquoi les gouvernements de la 4ème République, bien peu soucieux du respect de la légalité républicaine, ont choisi la voie de la répression sauvage pour préserver la cohésion de l'Empire français. Cette politique coloniale s'est poursuivie avec tous les successeurs du Général de Gaulle.

En ce qui concerne l'Afrique francophone, les régimes des présidents Valéry Giscard d'Estaing, de François Mitterrand, de Jacques Chirac sont les plus marquants. Nous proposons de les analyser tout en rajoutant les positions des présidents Nicolas Sarkozy, François Hollande et Emmanuel Macron.

En effet, le président Valéry Giscard d'Estaing avait, de 1974 à 1981, entretenu des relations controversées avec l'Empereur Jean Bedel Bokassa de la République centrafricaine et avec le Maréchal Mobutu Sese Seko de la République démocratique du Congo (ex-Zaïre). Depuis cette date, les gouvernements successifs, à leur manière, ont tissé des relations avec les anciennes colonies.

François Mitterrand a vu ses mandats entachés par des complots et des répressions sanglantes. C'est un constat de François Xavier Verschave qui affirme *« que sous François Mitterrand, plus d'une vingtaine de réseaux, d'officines mafieuses, de filières occultes, se partageaient*

---

[39] Yves Benot, *Massacres coloniaux de 1944 à 1950 : la 4ème République et la mise au pas des colonies françaises*, Paris, Éd La Découverte, 1994.

le gâteau africain[40] ». Jean Ziegler confirme et démontre le rôle néfaste que la France de François Mitterrand a joué dans le génocide au Rwanda. Selon lui, « *la France de François Mitterrand a soutenu sans faille la dictature Hutu du président Habyarimana pour tout simplement défendre la Francophonie*[41] ».

La politique française en Afrique visait donc et vise toujours à exploiter les ressources naturelles des pays francophones et à préserver ses intérêts. Elle ne se soucie pas du développement de ces pays où elle est installée depuis plusieurs siècles. Tous les pays africains qui bénéficient de la coopération française continuent de rétrograder au classement du développement humain, une situation qui doit interroger et inquiéter les acteurs de cette coopération bilatérale. Afin de corriger cette mauvaise image de marque, tout en continuant de préserver les intérêts de la France en Afrique, la seule proposition du président français était de demander aux dirigeants africains d'être plus démocrates. Le 20 juin 1990, au sommet de la Baule en France, il les accuse d'être les seuls responsables des difficultés de l'Afrique. Il fait le procès du sous-développement et non celui des régimes. Il convoqua les présidents de 37 pays pour leur demander d'organiser des élections libres et plus transparentes, conditions nécessaires pour bénéficier du soutien de la France et de l'aide au développement. Parmi les chefs d'État qui étaient présents, nous avions Abdou Diouf du Sénégal, Moussa Traoré du Mali, Oumar Bongo du Gabon, Paul Biya du Cameroun. Ce rappel à l'ordre n'a

---

[40] François Xavier Verschave, *La Françafrique, le plus grand scandale de la République*, Paris, Éd Stock, 1999.

[41] Jean Ziegler, « *l'Empire de la Honte* », Paris, Éd Fayard, 2005.

pas empêché les dirigeants de modifier plus subtilement les constitutions pour rester au pouvoir. C'est dire que la démocratie en Afrique francophone est pilotée à partir de la France qui met tout en œuvre pour faire accéder au pouvoir les personnes qu'elle choisit, c'est-à-dire celles qui défendent ses intérêts.

C'est dans cette logique que Jacques Chirac va s'inscrire. En effet, il s'est présenté comme le défenseur et l'ami de l'Afrique. En revanche, il a toujours noué des relations avec les dirigeants les plus controversés du continent comme, par exemple, Blaise Compaoré du Burkina Faso, Paul Biya du Cameroun, Denis Sassou Nguesso du Congo, Omar Bongo du Gabon et Houphouët Boigny de Côte d'Ivoire. Ses mandats furent également marqués par la crise ivoirienne qui a commencé le 19 septembre 2002, date à laquelle des soldats rebelles, venus du Burkina Faso, pays voisin, ont tenté de prendre le contrôle des villes d'Abidjan, Bouaké et Korhogo. Ils ont échoué sur Abidjan mais sont parvenus à occuper les deux autres villes. La rébellion du nom de Forces Nouvelles va dominer progressivement la moitié nord du pays, le coupant ainsi en deux zones géographiques : le sud tenu par les Forces Armées de Côte d'Ivoire (FANCI) et le nord par les Forces Armées des Forces Nouvelles (FAFN).

Sur le plan politique, Henri Konan Bédié, héritier politique de Félix Houphouët Boigny, était loin de s'être montré aussi habile et exigeant que son prédécesseur dans l'exercice du pouvoir et la conduite de son peuple. En 1994, une révision du code électoral imposait aux candidats à la présidence de prouver leur ascendance ivoirienne, garante de leur citoyenneté. Le 26 août 1995, Henri Konan Bédié, président depuis la mort d'Houphouët

Boigny, réintroduira le concept de l'ivoirité. L'objectif principal était bien évidemment d'évincer son principal rival, Alassane Dramane Ouattara, originaire du nord du pays. Ce rejet fut très vite perçu par les populations comme un mépris des dioulas.

À cette différence ethnique s'ajoutait en effet une différence de religion. Les Ivoiriens du Nord, majoritairement musulmans, étaient soupçonnés de ne pas être ivoiriens. Ils étaient opprimés par les populations du Sud, majoritairement chrétiennes. Cette réaction xénophobe était apparue lorsque l'économie de ce pays avait cessé de créer des emplois, surtout au milieu des années 1980, marquées par des Plans d'Ajustement structurel (PAS), imposés par le Fonds Monétaire International et la Banque mondiale.

Le 22 octobre 1995, Henri Konan Bédié, élu avec près de 96 % des voix, effectua une réforme de la propriété foncière qui ne donna qu'aux seuls ivoiriens de souche la possibilité de détenir des terres. Le 24 décembre 1999, l'armée le renversa. Le concept d'ivoirité disparait mais la xénophobie persiste. Le général Robert Guei est placé au pouvoir jusqu'à la tenue de nouvelles élections. Il a profité du renversement d'Henri Konan Bédié par un coup d'État le 24 décembre 1999. Se défendant d'en être à l'origine, le général Robert Guéï prend cependant la tête d'un conseil national de salut public avant de former un gouvernement avec les principaux partis d'opposition, comme le Front Populaire Ivoirien (FPI), le Rassemblement des Républicains de Côte d'Ivoire (RDR) et le Parti Ivoirien des Travailleurs (PIT). Il exclut de cette coalition le Parti Démocratique de Côte d'Ivoire (PDCI), l'ancien parti unique jusque-là au pouvoir dirigé par Henri Konan Bédié.

Le climat se dégrade. Les élections présidentielles d'octobre 2000 sont marquées par l'annulation par la Cour suprême des candidatures d'Alassane Ouattara jugé non ivoirien et d'Henri Konan Bédié. Le décompte des bulletins de vote place Robert Guei en seconde position derrière Laurent Gbagbo. Néanmoins, Robert Guei s'autoproclame président de la République, ce qui déclenche des manifestations et des affrontements opposant la garde prétorienne aux populations, d'une part, les partisans d'Alassane Ouattara à ceux de Laurent Gbagbo d'autre part.

Laurent Gbagbo se proclame président sur décision de la commission électorale. Cette crise va se prolonger en s'aggravant au point de menacer les intérêts de la France qui, en sus des 2 500 militaires déjà présents sur place, procède au renforcement des troupes et demande à la Communauté Economique des États de l'Afrique de l'Ouest (CEDEAO) d'envoyer des Casques bleus de manière à internationaliser la gestion de la crise.

Plusieurs accords furent signés notamment celui de Marcoussis qui prévoit que Laurent Gbagbo soit maintenu au pouvoir jusqu'à de nouvelles élections. En 2004, les relations entre Jacques Chirac et Laurent Gbagbo se dégradent. Paris et Abidjan sont quasiment dans une situation de guerre. L'aviation ivoirienne bombarde la base française de Bouaké. Le bilan fait état de 9 soldats français tués et 37 blessés. Jacques Chirac demande à la force française Licorne de détruire tous les avions de chasse ivoiriens et de prendre le contrôle de l'aéroport d'Abidjan pour empêcher toute réaction de l'armée. Dans la capitale économique Yamoussoukro, les jeunes patriotes dirigés par Charles Blé Goudé s'en prennent alors aux militaires et aux ressortissants français. 8 000 Français sont évacués de toute urgence vers la métropole devant les caméras de télévision. Jacques Chirac réclame le départ de Laurent Gbagbo qui restera tout de même sept ans au pouvoir jusqu'à sa sanglante arrestation le 11 avril 2011. Cette crise ivoirienne a provoqué 3 248 morts, un chiffre qui reste certainement en deçà de la réalité.

Le président Nicolas Sarkozy élu s'était affiché comme l'homme de la rupture. Il affirmait établir de nouveaux accords de partenariats basés sur un nouveau concept : celui du *co-développement*. Il s'agit d'une approche politique impliquant les partenaires qui devront en tirer tous des profits. Selon lui, nous sommes tous des amis et que l'échec de l'Afrique entrainera le désastre de l'Europe et que c'est sur le succès de l'Afrique que se construira la croissance, la stabilité et le succès de cette dernière.

Mais nous savons que ce discours était l'arbre qui masquait la forêt. Toutes les promesses de Nicolas Sarkozy ne se sont jamais tenues. Ses relations avec l'Afrique subsaharienne se dégradent très vite suite au « *discours de Dakar* » au cours duquel il avance maladroitement que « *le drame de l'Afrique, c'est que l'homme noir africain n'est pas assez entré dans l'histoire*[42] ». Ce discours jugé injurieux a indigné la communauté internationale et les Africains qui ont formulé une réponse immédiate. L'objectif est « *de rappeler le rôle qu'a joué l'Afrique dans l'économie mondiale entre le XIIème et le XVIème siècle, de mettre l'accent sur les responsabilités réelles de l'Europe et des*

[42] Nicolas Sarkozy, *Le discours de Dakar*, Dakar le 26 juillet, 2007.

institutions financières internationales dans l'appauvrissement de ce continent et de dénoncer l'installation de régimes dictatoriaux soutenus par les différents gouvernements français depuis les indépendances[43] ».

Les auteurs fournissent d'utiles rappels historiques face au révisionnisme qui s'entête à réécrire sans pudeur l'histoire de la traite négrière et de la colonisation. Cette réplique consiste également à décrire sans concession les véritables défis qui interpellent l'Afrique d'aujourd'hui et de demain, et à l'appeler avec confiance à trouver, par elle-même, les moyens de les relever.

Les présidents François Hollande et Emmanuel Macron s'inscrivent dans la continuité de l'entretien des relations franco-africaines. Leurs actions consistent à rétablir et à renforcer la coopération militaire au Mali, en Centrafrique, au Tchad et au Niger. L'objectif est d'aider l'Union Africaine (UA) à établir la paix et à lutter contre le terrorisme qui se développe dans la région.

François Hollande a également profité du sommet de la francophonie des 29 et 30 novembre 2014 à Dakar au Sénégal pour demander aux responsables politiques africains de ne pas modifier les constitutions pour rester au pouvoir. Il recommande la nécessité d'organiser des élections libres et démocratiques, garantes de la paix et du développement des pays africains. Donc un acteur politique qui s'inscrit dans la lignée de François Mitterrand tout en consolidant la Françafrique.

Un mot sur Emmanuel Macron. Son élection est perçue par l'opinion publique comme une rupture par rapport aux partis traditionnels. Sa politique étrangère est marquée par

---

[43] *L'Afrique répond à Nicolas Sarkozy*, Paris, Éd Philippe Rey, 2008.

la mise en place à l'Élysée d'un conseil présidentiel pour l'Afrique qui cible particulièrement la jeunesse africaine. Il parle alors d'éducation et de culture.
Sur le plan économique, Emmanuel Macron promet d'augmenter l'aide au développement à 0,55 % contre 0,37 % du Revenu National Brut (RNB), soit un peu plus de 8 milliards d'euros. Cette part française constitue la moitié de ce que donne l'Allemagne. Rappelons, toutefois, que c'est l'Agence Française de Développement (AFD) qui est au cœur du dispositif français de l'aide publique en faveur des pays en développement et de l'outre-mer.

Par ailleurs, lors de sa conférence de presse, en marge du sommet du G20 à Hambourg en Allemagne, le 8 juillet 2017, le président de la République française révélait ainsi au monde l'idée qu'il se fait vraiment de l'Afrique et de son développement. Il affirme que « *quand des pays africains ont encore aujourd'hui sept à huit enfants par femme, vous pouvez décider d'y dépenser des milliards d'euros, vous ne stabiliserez rien*[44] ». Ces propos avaient évidemment fait réagir les internautes mais aussi les médias français et étrangers. Le sens qui est donné au discours est que les femmes africaines et du tiers-monde seraient responsables du sous-développement du continent. Est-ce une erreur de communication, une maladresse ou une conviction profonde de la part du président de la République ? Peu importe. Notre propos dépasse les interprétations, les hypothèses et les accusations. Nous pensons et attendons d'un président de la France des changements de paradigme des politiques de la France envers l'Afrique. Tout cela doit bien évidemment rencontrer l'agrément de nos leaders

[44] Emmanuel Macron, sommet G20 à Hambourg, 8/07/2017.

politiques, de l'ensemble de notre classe politique, majorité et opposition confondues, sans oublier la société civile qui est devenue un acteur incontournable.

Les partenariats classiques sont très controversés, car ils sont considérés comme des accords qui ne profitent pas aux populations. Les bénéfices tirés des accords bilatéraux ou multilatéraux servent toujours à des dictateurs et leurs alliés. Ils leur permettent de poursuivre des politiques erronées et leur donnent les moyens de conserver le pouvoir qu'ils seraient, sans un soutien extérieur, obligés d'abandonner.

Ce que les Africains attendent et que Sylvie Brunel rappelle, c'est « *que l'aide de la France soit réellement affectée à ce à quoi elle devrait servir, la lutte contre la pauvreté. Il s'agit aussi de cesser de soutenir des despotes et de leur vendre des armes. Voilà un engagement qui pourrait assouplir et redorer les relations entre la France et ses partenaires africains*[45] ».

Tous ces constats nous amènent à dire que sur la forme, les actions de partenariats sont différentes mais sur le fond elles ont toujours les mêmes objectifs : préserver en priorité les intérêts des pays occidentaux et notamment ceux de la France en Afrique. A ce sujet, le Général de Gaulle avait raison de dire *qu'un pays n'a pas d'amis mais des intérêts*.

Il s'avère donc que les difficultés de l'Afrique proviennent toujours, en partie, de son exploitation par les puissances occidentales. Il ne s'agit pas de demander de la générosité pour l'Afrique, mais plus de bon sens et de justice pour permettre aux citoyens de choisir librement les personnes qui les dirigent. C'est nécessaire, si l'on veut

[45] Sylvie Brunel, *Le sous-développement*, Presses U de France, 1996.

éviter les difficultés et les conséquences politiques que cela pourrait engendrer dans l'avenir.

En rappelant ces faits, nous n'avons pas la prétention de donner des leçons sur les politiques menées ou à mener par les États africains. Par contre, en tant que citoyens, nous sommes indignés de constater que depuis 1960, année à laquelle la plupart des pays africains postcoloniaux ont accédé à l'indépendance, il existe un peu partout en Afrique un véritable déficit d'éthique et de culture politique. Dans la plupart des cas, des personnes s'agrippent au pouvoir et se servent de l'appareil d'État pour s'enrichir. C'est souvent au sein de leurs familles et de leurs proches en tant que prête-noms que les avoirs économiques sont accumulés.

Dans son ouvrage « *La République abîmée* », Abdou-Latif Coulibaly démontre que *« la plupart des dirigeants politiques ont la conviction que la politique doit rapporter et enrichir ceux qui la pratiquent avant de servir les populations*[46] ».

Il faut également souligner le fait que la finalité de la corruption et de l'accumulation n'est pas toujours l'enrichissement et la survie économique. Elle est aussi politique et sociale, en ce sens qu'elle vise à assurer une survie politique aux dirigeants. C'est pourquoi, nombreux sont les responsables politiques devenus riches en un temps record. Ce qui est grave et inquiétant, est que toutes ces pratiques sont entretenues par une partie de l'élite politique à qui les corrupteurs garantissent des places de choix dans le système de redistribution des postes, des biens et des deniers publics. La fortune acquise sert à des

[46] Abdoul Latif Coulibaly, *La République abîmée*, Éd Sentinelles, 2011.

ambitions personnelles. Aujourd'hui, nombreux sont les responsables politiques cités dans des affaires de détournement de deniers publics et de blanchiment d'argent auprès des paradis fiscaux.

Adama Wade nous rappelle que « *les élites ont désinvesti le pays voire le continent. Ils ont abandonné le combat du développement au profit de leur promotion personnelle. Cela se traduit par le fait que la plupart d'entre eux planquent leurs avoirs, gagnés en Afrique, dans des paradis fiscaux à Londres et en Suisse*[47] ». Elles inscrivent leurs enfants dans des établissements privés de prestige et abandonnent ainsi l'école publique. Ils soignent leurs familles dans des hôpitaux privés et délaissent ceux du secteur public. Ils bénéficient presque tous d'une autre nationalité. La conséquence est que les populations qu'ils dirigent sont considérées comme les plus pauvres de la planète.

François-Xavier Verschave le démontre dans ses livres-enquêtes sur la Françafrique. En effet, il nous fait savoir que « *lorsque l'on prend le temps de discuter avec les populations africaines des difficultés économiques de leur continent, ou des situations difficiles qui peuvent s'accentuer en tel ou tel pays, on en arrive presque toujours au problème de la légitimité du pouvoir et des institutions*[48] ».

Les États africains non seulement ne génèrent pas du développement mais l'interdisent à cause de leur extraversion, des gaspillages et pillages de toutes les

---

[47] Adama Wade, *En finir avec le mythe de Tarzan*, Paris, L'Harmattan, 2016.

[48] François X Verschave, *La Françafrique, le plus grand scandale de la République*, Stock, 1999.

ressources naturelles. Dans ces conditions, ils lèguent aux populations une économie détruite, des villes sans infrastructures, et des carences dans les domaines de l'éducation et de la santé.

L'Afrique au sud du Sahara ne s'agite pas pour son développement. Elle passe son temps à demander l'aide internationale au lieu d'exploiter décemment ses ressources minières. Joseph Ki-Zerbo s'indigne du fait « *qu'on n'a pas encore une tradition comme en Afrique précoloniale : des gens qui assument à l'égard de la population une responsabilité réelle et qui se considèrent comme au service d'un collectif*[49] ».

L'un des grands défauts des pays africains est de n'avoir pas assez d'élites indépendantes jouissant de moyens financiers qui leur garantissent une autonomie par rapport au pouvoir politique. Les élites intellectuelles et religieuses s'alignent souvent au pouvoir politique. Elles ne jouent pas pleinement le rôle qu'elles devraient jouer. Souvent, elles se contentent d'accompagner l'action des dirigeants véreux. Comme le démontre clairement Abdou Latif Coulibaly, « *ces élites cherchent plutôt les reconnaissances sociales, les faveurs dans le cadre de l'ordre existant. Elles prospèrent dans un rôle d'intermédiaire, entre ciel et terre, entre dominants et dominés*[50] ».

Pourtant Makhily Gassama nous rappelle que « *l'intellectuel ou l'élite se doit d'être éclaireur dans la société. Il doit agir non pas avec héroïsme mais avec*

---

[49] Joseph Ki-Zerbo, *À quand l'Afrique* ?, Paris, Éd de L'Aube, 2004.

[50] Abdou Latif Coulibaly, *Une démocratie prise en otage par ses élites*, Paris, L'Harmattan, 2006.

courage, lucidité et entêtement[51] ». Un intellectuel est donc plus qu'un cadre. En dehors des produits issus de son travail professionnel, le peuple attend de lui d'autres actions d'une autre nature : son implication, par la réflexion et les actes, dans la marche de la société vers un mieux-être collectif.

Au Sénégal, des patriotes comme Cheikh Anta Diop et Mamadou Dia ont assumé cette tâche. Aujourd'hui, la société sénégalaise subit l'assaut d'intellectuels qui ne répugnent pas de chanter à genoux, avec fierté, les louanges de tous les régimes politiques depuis l'indépendance. Ces intellectuels-là ne sont rien de moins que des *militants du pouvoir*, selon l'expression de Léopold Sédar Senghor. À cause de leur prose ou de leur poésie insipides, ils nourrissent et entretiennent l'orgueil destructeur des dirigeants politiques et contribuent ainsi à la construction de la dictature.

Ce sont pour ces raisons que nous relions directement la situation déplorable de l'Afrique au comportement des personnes qui la dirigent et qui la pensent. Ces personnes qui exercent le pouvoir et leurs complices sont responsables des erreurs commises et de ne pas mettre en place les jalons du développement de l'Afrique. Plus de cinquante années après les indépendances, les États africains continuent d'être de simples maisons d'accueil où des délinquants économiques viennent amasser fortunes comme dans des contes de fées. On comprend que finalement, de nos jours, de nombreux Africains dont de jeunes et dynamiques patriotes, se mobilisent pour combattre les régimes autoritaires et prédateurs. La forte

---

[51] Makhily Gassama, *Le geste de la Libye, met à nu nos échecs*, in Interview Sud Quotidien - N° 7362 du 22 novembre, 2017.

présence de l'Occident dans les secteurs clés de l'économie, de l'éducation, de la santé et de la culture, ne permet pas aux pays africains de choisir librement des gouvernements capables de servir les intérêts et le bien-être des populations.

Tous ces constats nous amènent à dire que l'Afrique ne s'est vraiment pas décolonisée. Or si l'indépendance est acquise sans la décolonisation, à la place de celle-ci s'installe confortablement le néocolonialisme. C'est ce dont les Africains sont victimes depuis ces soixante dernières années. Les politiques barbotent et, parfois, se noient dans les mares boueuses de la Françafrique. Le manque d'initiatives endogènes et populaires fait que le pouvoir est banalisé au point que le coup d'État est devenu un moyen d'accéder au pouvoir suprême. Il est organisé par des groupes armés qui tirent profit de l'incompétence et de la corruption de certaines élites politiques ou du chaos économique et de la faillite financière des États pour s'emparer du pouvoir. Le continent a enregistré dix coups d'État entre 2000 et 2014, 14 dans les années 1990, 19 dans les années 1980 et 26 dans les années 1970. Bien évidemment, nous constatons une chute de 61,5 % mais la menace reste toujours réelle.

Aujourd'hui, la prise du pouvoir en Afrique est légitimée par des élections supervisées par la communauté internationale. Ce qui est dramatique, c'est le fait que les pays sous régime autoritaire sombrent dans la pauvreté absolue à cause des pillages et du manque de projet de société endogène. En effet, au lendemain des indépendances, les enjeux politiques et économiques étaient tellement importants qu'ils faisaient basculer les États africains vers des formes autoritaires. Il n'est toujours pas aisé de faire l'inventaire des multiples coups d'État, des révolutions de palais, des agressions et des assassinats d'opposants politiques dont le nombre a significativement baissé mais qui constituent toujours des menaces.

Dans son ouvrage « *La naissance des États africains* », Hélène d'Almeida Topor nous établit une architecture claire des régimes politiques postcoloniaux. Selon elle, « *65 % des pays africains ont connu au moins un coup d'État depuis 1960*[52] ».

Il est clair que l'échec des pouvoirs politiques tient aux grandes interrogations économiques, culturelles, politiques, auxquelles les dirigeants apportent rarement des réponses satisfaisantes. Parmi ces interrogations, il y a la question de l'Union Africaine et l'étroitesse des États, un véritable obstacle au développement économique. Il y a également le fait que les dirigeants continuent de maintenir des relations privilégiées avec les anciennes puissances colonisatrices qui ont souvent la main mise sur les secteurs clés de l'économie, même si certains pays comme la Chine prennent de plus en plus d'importantes parts de marchés en Afrique. En plus, la plupart d'entre eux, dès leur installation au pouvoir, développent des formes de clientélisme afin de s'assurer un soutien populaire dont ils trouvent généralement les bases dans leur région et/ou dans leur ethnie ou confrérie religieuse. Ils disposent ainsi des caisses de l'État et octroient des avantages financiers et honorifiques à leurs fidèles, tout en accroissant leur propre richesse. Ce sont ces constats qui,

---

[52] Hélène D'Almeida Topor, *Naissance des États Africains*, Éditions Casterman, 1996.

en 1989, ont amené Jean François Bayart à dénoncer cette attitude qu'il qualifie de « *politique du ventre*[53] ».

Les dirigeants et la plupart des intellectuels africains n'étaient pas préparés dans les écoles occidentales à analyser objectivement les vrais problèmes de l'Afrique afin de mieux les résoudre. De toutes les façons, le rôle des écoles occidentales n'est pas de former les Africains pour le développement de leurs pays d'origine.

L'école africaine francophone n'a jamais cherché à débarrasser les populations des tares que l'école française coloniale a réussi à cultiver durant des siècles de traite négrière et de colonisation. Jusqu'à présent, l'école impériale, qui a réussi à coloniser les esprits des populations africaines, n'est pas bousculée par l'école des indépendances, qui n'est, en fait, qu'une pâle copie du modèle français. L'état des universités conforte nos propos. C'est au système éducatif d'assurer cette mission qui consiste à former ses propres élites. C'est donc tout le système d'enseignement qu'il faut profondément réformer. Nous avons toujours peur de le faire. C'est pourquoi nos élites continuent de reproduire les modèles des pays dans lesquels ils ont été formés. Or, ces modèles ne sont pas toujours adaptés aux besoins en développement des pays africains. Beaucoup d'intellectuels africains ont également volontairement emprunté la voie de la facilité en s'épargnant d'étudier l'Afrique à travers ses cultures, ses langues, ses religions, ses organisations sociales, etc.

Il apparaît que les handicaps du développement sont identifiés. Les outils et les moyens pour corriger les déséquilibres et engager les réformes nécessaires existent.

---

[53] Jean François Bayart, *L'État en Afrique, La politique du ventre*, Fayard, 1989.

Comme le démontre suffisamment Jean Ngandjeu, « *les pays africains dépendent toujours de l'extérieur par leurs exportations, leurs marchés, leurs nourritures, leurs technologies, leur culture, leurs tourismes, leurs communications et leur monnaie*[54] ». Or cette extraversion n'est pas favorable à l'accumulation interne du capital nécessaire à la réalisation des programmes de développement. Cela explique sans doute pourquoi jusqu'à présent, un pays comme le Sénégal ne parvient pas à émerger économiquement même si le Plan d'Emergence Economique (PSE) proposé par le régime de Benno Bokk Yaakar, prétend aller dans ce sens.

En revanche, les Sénégalais se demandent si le PSE ne constitue pas un plan de plus qui vient surcharger le millefeuille de plans déjà expérimentés ? N'est-il pas un simple slogan politique ? Nous pensons que le pays est loin de remplir les conditions nécessaires à l'émergence économique.

Rappelons que le premier plan économique et social du gouvernement sénégalais dans les années 1960, avait pour objectif le développement de l'agriculture. Par la suite, le président Léopold Sédar Senghor avait initié la création de l'Organisation des États Riverains du Fleuve Sénégal avant d'élaborer un Plan d'investissement alimentaire en 1977. Son successeur, le président Abdou Diouf, avait lancé, en 1984, la Nouvelle Politique Agricole (NPA), qui a été associée au plan céréalier de 1985. L'objectif de l'autosuffisance alimentaire a donc toujours été au cœur des débats sur la politique agricole au Sénégal. Mais les observateurs s'accordent pour dire que toutes ces

---

[54] Jean Ngandjeu, *l'Afrique contre son indépendance économique* ?, Paris, Paris, L'Harmattan, 1988.

politiques agricoles ou sociales ont jusqu'à aujourd'hui pratiquement échoué. Cela n'a pas empêché Abdoulaye Wade de proposer au niveau national toute une série de plans qui n'ont pas donné des résultats satisfaisants.

A titre d'exemple : le Plan *Jaxaay* en 2005 pour reloger les sinistrés, les populations de la banlieue dakaroise surtout, victimes des inondations. Mais dix années après sa mise en place, des milliards de nos francs semblent engloutis dans les projets sans aucun résultat significatif. Ce plan semble également être vicié par des disparités dans l'attribution des habitations. Plusieurs personnes ont obtenu des maisons à Jaxaay alors qu'elles n'en ont pas droit. En effet, sur les 2 000 logements prévus il y a plus d'une centaine de familles qui sont logées alors qu'elles ne sont pas concernées par le relogement.

Le plan « *Takkal* », programme d'urgence mis en place par Karim Wade, visait aussi à sortir définitivement le pays de la crise énergétique. Doté d'un milliard d'euros, il était ambitieux en termes de cahiers des charges. Sa mise en œuvre a laissé de nombreuses zones d'ombre. Il n'a toujours pas résolu les problèmes énergétiques du pays. Les délestages affectent toujours le pays même s'ils sont moins fréquents.

Les plans Retour Vers l'Agriculture (*Plan REVA*), lancé en 2006 par Abdoulaye Wade et la Grande Offensive Agricole pour la Nourriture et l'Abondance (*GOANA*) initiée en 2008, avaient également suscité beaucoup d'espoir. L'objectif général du Plan REVA était de créer les conditions physiques et institutionnelles d'exercice d'activités de productions agricoles rémunératrices, durables qui garantissent le maintien de la ruralité et la fixation des populations. La GOANA est une initiative qui visait à mettre fin à la dépendance alimentaire du Sénégal. Avec un coût estimé à 344 milliards de francs CFA, elle prévoyait une production de 2 millions de tonnes de maïs, 3 millions de tonnes de manioc, 500 000 tonnes de riz et 2 millions de tonnes pour les autres céréales comme le mil, le sorgho et le fonio.

Donc, depuis l'indépendance en 1960, les différents gouvernements sénégalais ont toujours essayé de proposer des plans socioéconomiques et une politique agricole pour atteindre l'autosuffisance alimentaire. Toutefois force est de constater que cet objectif d'autosuffisance n'est toujours pas atteint. Aujourd'hui, en proposant le Plan Sénégal Emergent le président Macky Sall et la coalition Benno Bokk Yaakar ne rajoutent-ils pas un plan de trop ou de plus ? Qu'est-ce qui différentie ce plan des autres ? N'est-il pas élaboré dans la précipitation sans réelle concertation de tous les acteurs nationaux ? Ce plan relève-t-il d'une vision stratégique nationale ?

Ce qui est regrettable c'est que les plans de développement sont toujours établis par des cabinets privés ou par des experts étrangers. René Dumont le constatait déjà au lendemain des indépendances. En effet, il souligne que « *les États élaborent de beaux documents, alignant des milliards de travaux d'investissements, sans chercher à obtenir le moindre début de réalisation. On arrive, souvent, à un catalogue d'opérations destinées à attirer le maximum d'aide extérieur*[55] ».

Un plan de développement doit être un puissant vecteur de mobilisation de tous. La lecture du Plan Sénégal Emergent décèle un catalogue d'activités et de projets intégralement financés par des emprunts étrangers avec

---

[55] René Dumont, *l'Afrique noire est mal partie*, Éditions Seuil, 1962.

des taux d'intérêts souvent supérieurs à ceux pratiqués sur le marché. C'est la raison pour laquelle nous nous demandons si le PSE ne risque-t-il pas de mettre le pays dans une situation de dépendance voire de surendettement ? Le Sénégal gagnera à ne pas solliciter de manière abusive les fonds d'investissements internationaux. Il faut avant tout que le pays compte sur ses propres ressources et recettes fiscales. Les milliards de francs CFA empruntés auprès des institutions internationales risquent encore d'être mal utilisés, de constituer une lourde charge pour les générations futures et de compromettre la souveraineté du pays. Le Sénégal peut aller beaucoup mieux sans continuer de s'endetter massivement.

S'agissant de l'industrialisation sénégalaise, on peut s'accorder qu'elle est nécessaire. Elle constitue l'un des moyens les plus importants pour développer le pays.

Comme le suggère Moustapha Kassé, « *elle n'est pas une revendication, mais un droit des populations au développement*[56] ». En effet, l'industrialisation a permis à l'Europe et aux États-Unis de conforter leur position dominante sur l'économie mondiale. Elle a également permis à l'Asie et à l'Amérique latine de prendre leur envol économique. Dans tous ces pays, les pouvoirs publics ont joué les premiers rôles en élaborant des stratégies et en mobilisant les acteurs ainsi que les ressources matérielles et humaines nécessaires. Les expériences des pays émergents d'Asie et d'Amérique latine apportent des réponses plausibles montrant que l'industrialisation est possible, quel que soit le pays ou la

[56] Moustapha Kassé, *L'industrialisation africaine est possible : Quel modèle pour le Sénégal* ?, Dakar, l'Harmattan, 2013.

sous-région. Elle est même indispensable, car elle est vecteur de croissance et de développement, mais aussi parce qu'elle permet de bouleverser les rapports de pouvoirs et de domination dans la mondialisation.

Depuis plus d'une décennie, l'Afrique est en transformation économique grâce à de nouveaux partenaires, de nouveaux investissements et de nouvelles infrastructures modernes. Cette nouvelle donne offre des possibilités de développement. C'est pourquoi, il s'avère nécessaire de rapprocher les intérêts économiques africains à ceux des pays émergents qui disposent d'expériences et d'expertises capables de répondre aux besoins africains en industrialisation.

L'Afrique doit passer de la relation d'aide à la relation partenariale. Pour cela, il s'agit de redéfinir les statuts et les rôles de façon à reconnaître et à accepter l'égalité de dignité et de responsabilité entre les partenaires au-delà des réelles différences de culture et de niveau de développement. En vérité, le partenariat à promouvoir ne peut se satisfaire d'une relation verticale basée sur la conditionnalité, la contrainte, l'imposition d'un rapport de force, la substitution de légitimité et la transposition de modèles, bref sur l'autorité des uns et la soumission des autres. Il suppose plutôt les conditions d'un dialogue authentique où la relation est horizontale et met en scène des acteurs qui se reconnaissent égaux et qui s'engagent dans un échange considéré de part et d'autre comme mutuellement utile et enrichissant.

Aujourd'hui, même si le continent africain connaît encore des instabilités, en raison notamment de transitions politiques et sociales particulièrement difficiles, il devient évident qu'il est bel et bien en train de nouer d'intéressants partenariats utiles. Cette nouvelle donne inquiète d'ailleurs l'Occident et notamment la France qui n'a toujours pas compris, ou accepté, que le monde est entré dans une nouvelle phase cruciale de mondialisation et qu'elle doit s'y adapter. En effet, aujourd'hui, d'un côté, les entreprises et les consommateurs jouent la carte du « *made in china* ». De l'autre, en Europe, on entre dans une ère de chômage structurel et d'accroissement des inégalités sociales. Pour y faire face, les États cherchent à colmater les brèches mais au prix d'un endettement et d'une austérité qui atteignent désormais leurs limites.

La pénétration chinoise et indienne en Afrique est réelle et modifiera le paysage économique de beaucoup de pays. Jean Joseph Boillot et Stanislas Dembinski affirment que « *la Chine, l'Inde et l'Afrique vont renforcer leurs complémentarités et former un nouveau triangle de développement*[57] ». L'intégration constitue l'une des solutions pour l'Afrique. Elle pourra permettre aux économies d'être fortes et d'être mieux représentées sur le marché mondial. Joseph Ki-Zerbo nous rappelle que « *c'est par son être que l'Afrique accédera à l'avoir*[58] ».

---

[57] Jean Joseph Boillot et Stanislas Dembinski, *Chindiafrique, La Chine, l'Inde et l'Afrique, feront le monde de demain*, Odile Jacob, 2013.

[58] Joseph Ki-Zerbo, *À quand l'Afrique* ?, Paris, Edit de l'Aube, 2003.

Deuxième partie

Défis majeurs à relever

Après avoir analysé les forces et les faiblesses du Sénégal de l'indépendance à nos jours, et en particulier les politiques publiques, leurs effets et leurs résultats sur l'évolution du pays et sur la vie des populations, nous proposons de formuler des recommandations en vue de remédier aux déficiences, aux insuffisances et aux dérives constatées.

Le Sénégal, dans l'optique d'atteindre l'émergence à l'horizon 2035, doit relever plusieurs défis politiques, économiques et sociaux. L'objectif de cette partie n'est pas d'offrir une analyse complète, mais de donner un panorama des priorités. Celles-ci s'appuyant essentiellement sur les ressources disponibles que le pays pourra mieux exploiter pour son développement. Toutefois, la priorité consiste à tout mettre en œuvre pour maintenir la paix et la stabilité sociale du pays. Pour y parvenir, un principe majeur devra être respecté : la bonne gouvernance d'État qui est la condition nécessaire pour mieux structurer les infrastructures en vue d'un aménagement du territoire plus dynamique, pour accroître la tonicité de la diplomatie sénégalaise, pour renforcer la compétitivité de l'économie et pour rassurer la jeunesse.

Chapitre 8
Défis Politiques

A) Réformer l'État et moraliser la vie politique

Le mot État est omniprésent et d'une extraordinaire familiarité aux plus modestes citoyens sénégalais même si cela masque des ambiguïtés. Le Sénégal est bien sûr un État, c'est-à-dire une société politiquement organisée. Des individus l'incarnent. Il s'agit des dirigeants politiques et des fonctionnaires. Les actions de l'État sont repérables dans les domaines de l'éducation, de l'équipement, de la santé, de la sécurité, de la défense, du tourisme, de la pêche, de la solidarité, de l'économie, de l'agriculture, de l'élevage, etc. Le Sénégal est un État certes stable, mais les citoyens lui associent, de plus en plus, les qualificatifs d'État gaspilleur voire pilleur, corrompu, inefficient, laxiste et je ne sais quoi encore. Pourtant l'État, de par ses missions régaliennes, constitue un cadre bien pensé pour protéger et accompagner tous nos concitoyens. Le problème n'est donc pas l'État en tant que tel. Ce sont les personnes qui l'incarnent qui ne respectent pas toujours les missions pour lesquelles elles sont recrutées, nommées ou élues. En effet, les secteurs publics sont envahis par des agents qui, au lieu de servir les usagers, mettent tout en œuvre pour se servir en priorité.

Au Sénégal, toute l'administration publique centrale, déconcentrée ou décentralisée, de même que les entreprises d'État ont laissé s'installer la corruption qui prend des proportions de plus en plus inquiétantes. C'est un fléau qui sape l'économie nationale et aggrave la pauvreté qui maintient dans un état de dénuement presque total la plus grande partie des populations. Abdou Latif Coulibaly attestait en 2007 que la Loterie Nationale Sénégalaise (LONASE), chargée de l'organisation des jeux, faisait partie des entreprises publiques les plus affectées par le phénomène. En effet, l'auteur chercheur évaluait *« à 5 milliards de Francs CFA le montant des sommes dont l'utilisation était suspecte. Les voitures attribuées aux 12 employés sous les ordres du directeur général de la LONASE avaient coûté 25 millions de FCFA chacune*[59] ». Il en était de même des dépenses effectuées dans le cadre du sommet de l'Agence Nationale de l'Organisation de la Conférence Islamique (ANOCI). « *En effet, les dépenses se chiffraient à plus de 200 milliards de FCFA, alors que l'enveloppe autorisée au départ était de 100 milliards*[60] *»*.

La fonction publique sénégalaise est devenue un espace où des agents véreux n'agissent que pour rendre service à leurs familles, à leurs amis et surtout aux responsables politiques qui les mandatent. Tous les secteurs et tous les échelons sont touchés par la corruption. Même ceux qui n'en ont pas besoin la pratiquent. Tous les moyens d'enrichissement personnel grâce aux services de l'État sont utilisés. C'est une pratique qui est intériorisée et tolérée par complicité et/ou par impuissance. Au Sénégal, tout le monde accepte de donner aux fonctionnaires de l'argent ou des biens matériels afin qu'ils fassent le travail pour lequel ils sont payés grâce à l'argent des contribuables. Pourtant, la majorité des personnes qui

---

[59] Abdou Latif Coulibaly, *La loterie nationale sénégalaise, Chronique d'un pillage organisé*, Paris, L'Harmattan, 2007.

[60] Abdou Latif Coulibaly, *Comptes et Mécomptes de l'ANOCI*, Paris, L'Harmattan, 2009.

exercent dans la fonction publique sont formées dans les mêmes écoles que celles du privé qui semblent plus performantes et moins affectées. Parfois, elles sont même mieux rémunérées mais continuent d'opérer des détournements de deniers publics et d'organiser un pillage des ressources du pays. Les agents de la fonction publique mobilisent souvent leurs compétences autour des projets privés, ceci au détriment de leurs vraies missions. Les transactions privées constituent pour eux un moyen de percevoir des rétro-commissions.

Dans son ouvrage « *État, bureaucratie et gouvernance en Afrique de l'Ouest francophone, un diagnostic empirique, une perspective historique*[61] », Jean Pierre Olivier De Sardan nous éclaire davantage sur les maux de la fonction publique. En effet, dans l'administration sénégalaise, les nominations, les affectations, les promotions et les mises au placard suivent souvent des logiques de réseau et de protection individualisée. Elles tiennent rarement compte des critères de compétences. Les recommandations et les interventions de protecteurs sont toujours présentes du haut en bas de l'appareil d'État. C'est ce que constate Ousmane Sonko, l'un des témoins et acteurs des services fiscaux. Ses investigations nous confirment que l'administration sénégalaise est affectée par « *une pression permanente du fait des énormes attentes de l'État et des collectivités locales par rapport à la mobilisation des ressources fiscales, des conditions de travail très mauvaises, une rémunération faible et*

---

[61] Jean Pierre Olivier De Sardan, *État, bureaucratie et gouvernance en Afrique de l'Ouest francophone. Un diagnostic empirique, une perspective historique*, Politique africaine, 2004.

aléatoire et le poids des tentations liées à la corruption et l'argent facile[62] ».

Trop de fonctionnaires sont obnubilés par leur carrière. Certaines nominations semblent choisir les militants qu'on entend remercier. L'opportunisme politique et le carriérisme font que la plupart des agents n'accomplissent pas correctement les tâches pour lesquelles ils ont été recrutés. Ils se contentent de servir leur parti et leurs amis au lieu de servir le peuple qui les a élus. C'est une gestion inefficiente voire dangereuse des ressources humaines.

Le secteur public sénégalais est devenu bel et bien le royaume du chacun pour soi. Le travail en équipe et la transversalité sont peu connus. Nul ne se mêle des tâches de son collègue. Une réunion où il serait question de discuter collectivement pour améliorer la qualité ou la productivité du travail et des services est une situation rarissime.

À cela s'ajoutent les fraudes et évasions fiscales. Selon la cartographie réalisée par le Consortium international des journalistes d'investigation, étudiée par Libération, 309 comptes liés à des Sénégalais ou à des sociétés basées au Sénégal figurent dans les fichiers suisses de HSBC. Ces clients ont planqué dans les banques 188,6 millions de dollars dont 35,5 sont identifiés dans un seul compte dont on ignore pour le moment le ou les propriétaire (s). Ce qui montre toute la gravité de cette affaire selon Libération. De plus, le Sénégal se trouve à la 85ème place sur une liste de 203 pays concernés.

La fraude fiscale, comme son nom l'indique, est un délit. Elle consiste à la non-déclaration ou à une déclaration

---

62 Ousmane Sonko, *Pétrole et Gaz au Sénégal, Chronique d'une spoliation*, Paris, Éditions Fauve, 2017.

frauduleuse, partielle par exemple, afin de ne pas s'acquitter de la totalité des impôts. Au Sénégal, il est prévu une amende de 5 à 25 millions et un emprisonnement de 2 à 5 ans. Ce sont des peines qui ne sont jamais appliquées. Nombreux sont les hommes d'affaires qui échappent à ces sanctions. En complicité avec certains hauts responsables du fisc, ils préfèrent verser des commissions et être exonérés d'une partie de leurs impôts.

Par contre, l'évasion fiscale n'est pas considérée par la loi comme une infraction. Il s'agit d'une pratique très répandue consistant en l'exploitation des failles et faiblesses de la loi pour payer le moins possible. C'est un procédé légal d'évitement de l'impôt en déplaçant une partie du patrimoine ou des activités du pays où elles ont lieu vers les paradis fiscaux, sans que l'individu s'expatrie. Ce choix s'explique par le fait que les montants des impôts dans ces pays-là sont quasi-nuls. Les auteurs de ces pratiques se livrent à des déplacements par espèces ou par lingots d'or. Ils peuvent aussi recourir aux dons en faisant semblant de faire bénéficier des dons à des organismes pour ne pas être taxés. En effet, ce sont eux-mêmes qui vont récupérer les sommes plus tard.

En Afrique, la fraude et l'évasion fiscales sont généralement l'affaire des personnalités politiques. Il ne s'agit d'ailleurs pas d'une simple opération qui a pour objectif de ne pas payer des impôts. C'est plus une stratégie de détournement de deniers publics. Entre évasion fiscale et détournement, le continent africain perd 15 000 milliards de dollars, soit plus que ce qu'elle reçoit en aide pour le développement. La liste serait longue si nous nous mettions à citer des noms. Pour nous, il s'agit de sensibiliser les citoyens à la nécessité d'effectuer un contrôle plus strict afin que chaque citoyen redevable paie normalement ses impôts, car le manque à gagner fait que l'État a de plus en plus du mal à mobiliser les recettes fiscales nécessaires. Au-delà de l'évasion, il y a un problème de patriotisme économique qui se pose. Si l'épargne était locale, cela aurait permis de financer des projets de développement. Être patriote, c'est mettre ses avoirs à la disposition de son pays.

Afin de lutter contre ce fléau, il s'avère nécessaire de doter les services fiscaux de ressources humaines compétentes et autonomes. Il s'agit également de moderniser les équipements et les moyens de contrôle, de gestion et surtout d'avoir la volonté politique de combattre ce fléau. Il est également nécessaire d'établir un diagnostic de l'ensemble du secteur public. Cette introspection permettra de redéfinir les rôles et les missions de chaque agent et d'assurer ce que j'appelle « *une gestion plus efficiente des ressources humaines*[63] ».

Sous Léopold Sédar Senghor, l'administration était organisée. La gestion obéissait à des règles strictes, où l'improvisation n'avait aucune place. Cette époque était marquée par l'ordre et la sacralisation. La fonction publique doit cesser d'être un outil qui sert les amis, la famille, les adversaires vulnérables et désespérés pour les museler. La gestion du pays, et en particulier de l'administration, nécessite le recrutement de personnes compétentes. Il n'est ni acceptable ni responsable de donner la direction d'un service ou d'un ministère à des personnes qui n'en ont pas les capacités. Les enjeux sont

---

[63] Momar-Sokhna Diop, *Gestion des ressources humaines dans les organisations*, Paris, Éditions L'Harmattan, 2004.

énormes. Même si l'État n'est pas assimilable à une entreprise, ses services accomplissent des tâches qui nécessitent des connaissances et des attitudes professionnelles. Un État corrompu attire davantage plus les prédateurs que de ressources humaines sensibles aux exigences de l'intérêt collectif.

Afin d'accompagner la réforme du système administratif, l'État devra renforcer les outils et les moyens de contrôle des personnels et agents de la fonction publique. La prévention et la sanction doivent être de rigueur. Toute personne condamnée pour gaspillage ou pillage de biens publics doit être inéligible à vie. En cas de crimes, surtout économiques, les coupables doivent être traduits en justice et sanctionnés de manière exemplaire et immédiate. C'est la condition nécessaire pour combattre la corruption, pour mieux collecter les recettes fiscales, pour mieux dépenser l'argent public et pour mieux gérer l'octroi des marchés publics souvent attribués aux familles des élus et à leurs amis en tant que prête-noms.

Aider les services publics à se réformer consiste également à les moderniser, à les rendre plus attractifs et attentifs aux attentes des usagers. La formation continue des agents et la rénovation des services pourront être un moyen de répondre à cette nécessité.

Il faut encourager, aider voire contraindre l'État à poursuivre le combat de traque des biens mal acquis. Il s'agit de faire en sorte que l'ensemble des biens dont disposent les personnes publiques, surtout les responsables, l'ensemble de leurs comptes bancaires ainsi que les activités qui leur ont permis de les acquérir soient connus. Sur ce point, le Sénégal semble réaliser des progrès. En effet, depuis le 27 décembre 2012, la

République du Sénégal adopte une loi n° 2012-22 portant code de transparence dans la gestion des finances publiques. Le texte prévoit et organise la déclaration de patrimoine, à laquelle sont assujettis les détenteurs de l'autorité publique, élus comme hauts fonctionnaires, censés participer à la gestion des ressources de la collectivité. C'est une réforme majeure qui, d'une part, permettra de prévenir tout risque d'enrichissement illicite de titulaires de hautes fonctions, et d'autre part, de satisfaire au besoin légitime d'information des citoyens sur la situation et le comportement des dirigeants. Ce sont des recommandations consignées dans les conclusions des Assises nationales. Il faut les reprendre, les consolider et les mettre au service du pays.

B) Consolider les acquis des Assises nationales

Nous tenons à rappeler que notre travail s'inscrit dans la dynamique des conclusions des « *Assises nationales*[64] » qui ont permis de faire le bilan des 50 ans d'indépendance et de tracer des perspectives de refondation du pays sur des bases nouvelles. Les orientations qu'elles proposent sont consensuelles. Le document de synthèse est élaboré par les partis politiques, les syndicats, la société civile, des Sénégalais de confession religieuse et par des Sénégalais résidents dans la diaspora. De nombreux acteurs y ont participé bénévolement en y mobilisant leurs compétences, leurs moyens financiers et leur temps. C'est une première en Afrique subsaharienne où les dictatures et

64 *Assises nationales, Sénégal, An 50, Bilan et perspectives de refondation*, Éditions L'Harmattan, 2011.

les régimes patrimoniaux dictent toutes les politiques publiques.

Mais il serait mieux encore que le Sénégal et les Sénégalais appliquent les recommandations en se remettant au travail. Il s'agit aussi de bannir le règne de l'injustice, de l'argent facile, de l'impunité et de la loi du plus fort. Afin d'y parvenir, le rétablissement de l'État de droit est nécessaire. Le Sénégal doit travailler à se doter d'une justice indépendante, d'une assemblée nationale où les députés défendent, en toute autonomie, les doléances des populations. La concentration des pouvoirs entre les seules mains du président de la République doit être stoppée.

La diminution du train de vie de l'État est plus que jamais nécessaire. En effet, les dépenses de fonctionnement de l'État sont excessives et pas toujours justifiées. Elles ont des effets dévastateurs sur les ressources nationales et laissent une marge de manœuvre de plus en plus étroite en matière de politique sociale. Toutes ces recommandations ont pour but de changer de politiques, de briser le cycle d'échecs et de déceptions que connaît le Sénégal depuis son accession à l'indépendance. Il ne s'agit pas d'appliquer toutes les conclusions des Assises nationales sur un mandat présidentiel mais de mettre en œuvre les plus urgentes. Et comme le suggère Amadou Mahtar Mbow, « *c'est le changement du mode de gouvernance du pays qui conditionnera tous les autres*[65] ».

[65] Amadou Mahtar Mbow in les *Assises nationales, Sénégal, An 50, bilan et perspectives de la refondation*, Paris, L'Harmattan, 2011.

C) Renforcer la décentralisation et la gestion des collectivités locales

Ancienne colonie française, le Sénégal a plus ou moins conservé les principales structures administratives issues de la colonisation. Le Sénégal est subdivisé en 14 régions, 45 départements, 123 communes et 375 communautés rurales. Ce découpage relève des politiques de décentralisation menées par les gouvernements successifs. Aujourd'hui, le processus est à son 3ème acte. L'acte I de 1972 s'est concrétisé par l'avènement des communautés rurales. L'acte II établi en 1996 consacre le transfert de 9 domaines de compétences de l'État aux collectivités locales tandis que l'acte III serait dédié à la consolidation des acquis à travers une meilleure rationalisation des échelles de gouvernance locale et surtout une territorialisation efficiente des politiques publiques.

Le transfert des compétences concerne essentiellement les secteurs de l'environnement, de la santé, de l'éducation, de l'urbanisme, de l'habitat, de la jeunesse et de la culture. Il s'agit de permettre aux responsables locaux d'intervenir dans des domaines touchant directement le vécu quotidien des populations. Ces politiques de proximité et de responsabilisation des acteurs locaux se trouvent désormais au cœur des missions des collectivités. Les obligations de résultat au moment de l'évaluation sont exigées.

Toutefois, le constat est que le transfert de compétences ne s'accompagne pas suffisamment d'un transfert réel de ressources. Les responsables des collectivités locales et plus particulièrement des communautés rurales, mais aussi et surtout ceux des régions, estiment qu'ils ne disposent pas d'assez de moyens matériels et humains pour faire face à leurs nouvelles missions. La mise en place du Haut Conseil des Collectivités Territoriales (HCCT) viserait à atteindre cet objectif. En effet, institué au niveau national, cette institution devra, nous l'espérons, impulser de bonnes pratiques et assurer un meilleur dialogue entre l'État et les collectivités territoriales.

En dehors de cette recherche d'efficience dans la gestion des ressources, les collectivités locales doivent faire face au problème récurrent, celui de l'exode rural. Toutes les capitales régionales et départementales du Sénégal sont affectées par une déferlante de populations venues des campagnes. C'est le cas de Dakar, de Rufisque, de Mbour, de Touba, de Diourbel, de Saint Louis, de Ziguinchor, de Kolda, de Kaolack, de Thiès, de Tambacounda, de Matam et de Podor. Toutefois, la situation de Dakar reste la plus alarmante.

La ville de Dakar occupe 0,3 % du territoire national et abrite 22 % de la population totale du pays. La densité est de 4 150 habitants au kilomètre carré. Les conséquences de ce phénomène de surpopulation sont : l'occupation anarchique des espaces publiques, l'insalubrité et l'accroissement de l'insécurité. Pourtant, il suffit de se rappeler des années 1960 pour se rendre compte que toutes les capitales régionales ressemblaient à des villes. Elles étaient construites grâce à un plan d'urbanisation planifié et mis en œuvre par des professionnels de l'aménagement du territoire. La capitale Dakar était découpée en la Société Immobilière du Cap-Vert (SICAP), en Habitation à Loyer Modéré (HLM), en quartiers bien structurés comme Dakar plateau, Points E, Mermoz, Medina, Fann résidence, Médina, Fass, etc. Les assainissements étaient bien réalisés avec un total respect des normes de sécurité et d'hygiène. Aujourd'hui, toute cette architecture est sauvagement bouleversée.

A Dakar et dans sa banlieue, les maisons poussent comme des champignons sans procédure et sans respect des règles d'assainissement. Tous les espaces publics qui permettaient aux populations de pratiquer du sport sont occupés de manière illégale et anarchique soit par des marchands ambulants ou par des sans domicile fixe. Les espaces verts sont détruits et quasi inexistants. La sécurité des habitants inquiète de plus en plus. Les agressions sont de plus en plus fréquentes.

La modernisation des villes passe également par la rénovation des marchés publics. Celle-ci doit être engagée dans toutes les communes du Sénégal. L'objectif est de permettre aux commerçants de travailler dans de meilleures conditions, aux communes de mieux contrôler les activités informelles, de percevoir des taxes professionnelles, des taxes foncières et d'enlèvement des ordures ménagères. Toutes ces recettes fiscales sont nécessaires pour équilibrer les budgets des collectivités et pour leur donner un nouveau souffle.

Nous recommandons aussi aux collectivités locales d'accorder une attention toute particulière aux services sociaux de base car c'est dans les secteurs sanitaires, sociaux, éducatifs, culturels et sportifs que l'action de l'État a le plus besoin d'être soutenue. À ce sujet, d'importants investissements sont réalisés en faveur du secteur de la santé. Le plateau technique des formations sanitaires municipales doit être relevé de même que la couverture en infrastructures de base. Aujourd'hui, dans les collectivités locales comme Dakar, les soins de santé primaires contre la grippe, les diarrhées, les plaies, le diabète, les bronchites, les fièvres et le paludisme sont assez bien couverts, même s'il reste beaucoup à faire.

Les actions de l'État et des collectivités locales consistent aussi à lutter contre l'insalubrité locale. A ce sujet, les techniciens de l'hygiène et de l'assainissement de la ville de Dakar pourront régulièrement mener des opérations de contrôle des marchés, des tables de rue, des cantines, des restaurants et de tous les terrains vagues. Il s'agit aussi de continuer à désinfecter, à saupoudrer et à dératiser tous les lieux publics insalubres, à garantir la propreté surtout au niveau des entrées d'égouts qui sont souvent encombrées, empêchant ainsi les évacuations d'eaux usées, surtout lors de la saison des pluies. Il s'agit également de lutter contre les dépôts sauvages de déchets, les nuisances sonores, les tapages nocturnes et de sanctionner par des amendes ceux qui ne respectent pas les règles.

Enfin, les actions de solidarité doivent être renforcées. Celles-ci pourront se traduire par le renforcement des opérations de secours durant les périodes difficiles, pendant la saison des pluies, durant les mois de ramadan, les fêtes religieuses et par une prise en charge médicale des personnes les plus défavorisées. Il s'agit d'actions prévues et couvertes par une caisse d'avance dont dispose par exemple la mairie de Dakar. Estimée à 30 000 000 de FCFA par mois, elle permet d'apporter une aide précieuse aux plus nécessiteux. Il faut cependant veiller à ce qu'elle ne soit pas utilisée pour capter de la clientèle politique.

Dans le domaine éducatif, la rénovation des établissements scolaires doit être poursuivie en donnant la priorité à la création de salles de classe pour éradiquer progressivement les abris provisoires.

Beaucoup d'efforts sont aussi à réaliser dans les domaines des éclairages publics, des signalisations et de l'assainissement. Afin d'atteindre cet objectif, nous faisons confiance aux différentes directions des collectivités locales. Celles-ci sont pilotées par des agents qui sont chargés d'étudier, de planifier, de réaliser et d'évaluer tous les projets municipaux. Il s'agit des Directions des Affaires Sanitaires et Sociales (DASS), compétentes dans les domaines de la santé et de la prise en charge des plus démunis. Elles s'occupent aussi de l'insertion, de la culture, de la promotion du tourisme et de l'artisanat.

Les services techniques municipaux sont chargés de l'entretien des voiries, des questions d'hygiène et de la police municipale. Le service des ressources humaines gère les recrutements, les salaires, le développement durable tandis que l'administration des finances gère le budget municipal. Le Sénégal gagnera à préserver ces infrastructures. Il s'agit de les moderniser et de renforcer leurs capacités, conditions nécessaires pour mieux répondre aux besoins des usagers et pour une gestion plus efficiente des deniers publics.

D) Revaloriser la diaspora

Les Sénégalais établis à l'étranger sont officiellement estimés à plus de 550 000. 49,7 % de cette diaspora vit en Europe contre 47 % en Afrique et 3 % en Amérique du Nord.

La diaspora contribue de manière significative au développement et à la stabilité sociale du Sénégal. Je l'ai démontré dans un ouvrage intitulé « *Quelles alternatives pour l'Afrique* ?[66] ». En effet, un peu partout dans le monde, nos concitoyens s'organisent en associations et en entreprises pour mettre en place des infrastructures sanitaires, éducatives et économiques dans les communes où ils sont originaires. Aujourd'hui, les sommes envoyées par les migrants vivant en dehors du Sénégal sont supérieures à l'aide au développement. Il faut noter cependant que les canaux informels représentent encore une large partie des envois. Les montants réels pourraient être deux fois supérieurs à ceux annoncés.

« *La diaspora contribuerait pour plus de 900 milliards de francs CFA (près de 1,38 milliard d'euros) par an à l'économie nationale*[67] », soit près du tiers du budget de l'État et entre 3 à 5 % du Produit National Brut (PNB). Aujourd'hui, se pose la question de savoir si réellement ces sommes d'argent sont vectrices de développement. En effet, les envois sont affectés à l'achat de biens et services de consommation finale. Ils permettent aux familles de pouvoir se soigner, de se nourrir et de mieux se loger. Sur la question centrale de l'argent expédié par les Sénégalais de l'extérieur vers le pays, en partenariat avec la France, l'État sénégalais a initié, en 2005, un important dispositif de coopération bilatérale. Il s'agit du Programme d'Appui aux Initiatives de Solidarité et de Développement (PAISD) qui accompagne les Sénégalais de l'extérieur et surtout les

---

[66] Momar-Sokhna Diop, *Quelles alternatives pour l'Afrique* ?, Paris, Éditions L'Harmattan, 2008.

[67] Source : *Les Sénégalais de l'étranger seront représentés par 15 députés*, Le Parisien, 4 janvier, 2017.

associations pour réaliser des projets sociaux au pays. L'association porteuse de projets doit prendre en charge 30 % du montant global. Le PAISD finance les 70 % restants. Le budget initial était estimé à 9 millions d'euros soit environ 6 milliards de francs CFA. Il a permis aux différents acteurs de construire dans leurs communes d'origine, des établissements scolaires, des postes de santé, des maternités et des forages. Toutes ces infrastructures soulagent les populations et améliorent leurs conditions et niveaux de vie. Aujourd'hui, le PAISD accompagne de plus en plus des projets économiques. Il disposerait de plus de ressources en provenance de l'Union Européenne. Il s'agit maintenant d'un dispositif multilatéral que peuvent saisir tous nos concitoyens résidents en Europe pour établir, réaliser et évaluer leurs projets.

Toutes ces informations consistent à attirer l'attention sur le fait que l'État devrait compter sur sa diaspora pour consolider son ambition d'émergence. Afin d'impliquer de manière significative les Sénégalais de l'extérieur, l'État devra tout mettre en œuvre pour favoriser un transfert des compétences acquises par ses ressortissants.

En attendant que l'État s'inscrive sur cette voie, les Sénégalais de la diaspora devront s'organiser et mettre ensemble leurs talents pour mieux s'intégrer dans les pays qui les accueillent. Souvent ils ne comptent que sur l'État pour résoudre leurs difficultés. Aussi, ils espèrent un retour au pays natal qui, dans la majorité des cas, ne se réalise pas faute d'accompagnement et de moyens. Ils doivent se mobiliser dans les pays où ils résident afin d'améliorer leurs accès au travail, au logement et à la retraite. Ils devront tout mettre en œuvre pour bâtir leurs intégrations économique et sociale. Les doléances de la diaspora ne se solutionneront pas uniquement par un ministère des sénégalais de l'extérieur souvent constitué comme une façade politique.

Les politiques du ministère des sénégalais de l'extérieur seront efficaces grâce au renforcement des moyens d'action des ambassades et des consulats qui font déjà un travail considérable. Il s'agit de redéfinir leurs missions, de gérer de manière plus efficiente leurs ressources humaines et financières. Nous ne sommes pas en train de dire que les gouvernements qui se sont succédé depuis 1960 n'ont rien fait pour les Sénégalais de l'extérieur. Dans la partie consacrée à la diplomatie sénégalaise, nous avons démontré le rôle que les affaires étrangères ont joué dans la construction de l'image de marque positive du pays. Nous recommandons seulement que les infrastructures existantes soient modernisées et renforcées afin de mieux répondre aux doléances des Sénégalais.

En ce qui concerne les transferts, une baisse des frais pourrait être négociée. En effet, si les frais de transfert baissaient à 5 % des montants envoyés, cela libèrerait plus de 4 milliards de dollars, qui pourraient être réinjectés dans les économies pour financer des projets de développement.

Il apparaît donc que la diaspora possède de multiples atouts pour le Sénégal. Elle bénéficie surtout d'une expertise internationale qui jusqu'à présent n'est pas exploitée par le pays. Pourtant, nombreux sont les ressortissants sénégalais qui travaillent dans des entreprises et dans des administrations des pays occidentaux qui les accueillent et qui leur donnent une expertise dans différents domaines de compétences.

Mobilisées, ces expériences pourraient contribuer au renforcement des capacités des institutions. Aussi, elles pourraient se traduire en retour sur investissement et en transfert de compétences dans la mesure où la plupart des étudiants bénéficient d'allocations publiques pour suivre leurs études supérieures. La diaspora doit être considérée comme un partenaire à part entière. Sa mobilisation est plus que jamais nécessaire pour l'émergence du Sénégal.

E) Renforcer l'Union Africaine

L'Union Africaine (UA) est une organisation d'États créée en 2002, à Durban en Afrique du Sud, en application de la déclaration de Syrte du 9 septembre 1999. Elle a remplacé l'Organisation de l'Unité Africaine (OUA). La mise en place de ses institutions (Commission, Parlement panafricain, Conseil de paix et de sécurité) a eu lieu en juillet 2003 au sommet de Maputo au Mozambique. L'Union Africaine est peuplée de plus de 970 millions habitants. Elle s'étend sur une superficie de 29 922 059 kilomètres carrés. La majeure partie de l'Union se trouve sur l'espace continental, à l'exception de l'Ile de Madagascar qui ne représente cependant que 2 % de sa superficie totale.
Notre travail ne consiste pas à énumérer toutes les forces et les problèmes de l'organisation. Nous disons tout simplement qu'elle constitue un cadre que les États doivent préserver et renforcer. C'est une mission dans laquelle le Sénégal s'est toujours investi. En effet, il s'est toujours servi de son expérience diplomatique pour consolider ses relations extérieures.

Isolé, aucun pays d'Afrique subsaharienne n'accède à l'émergence. Le président Léopold Sédar Senghor rappelle que « *la balkanisation, héritée de la colonisation, a donné naissance, au lendemain des indépendances de 1960, à des marchés étriqués, à des nationalismes étroits. D'où un développement lent et peu viable. L'Afrique toujours émiettée en 50 États, en 50 micro nationalismes est sans issue*[68] ».

En 1986, lors de son dernier colloque à Yaoundé au Cameroun, Cheikh Anta Diop insistait surtout sur le fait que « *les États africains nains géographiquement et démographiquement ne sont pas capables de faire face à la mondialisation*[69] ». Pris individuellement, les pays africains présentent des faiblesses qui ne peuvent leur permettre d'accéder à un développement rapide et autonome. On trouve certes des États montrant une certaine prospérité mais cette situation n'est que passagère car les mécanismes de leurs économies possèdent en leur sein des goulots d'étranglement.

Le rôle que devra continuer de jouer le Sénégal est celui d'avant-gardiste. Il s'agit de consolider sa représentation diplomatique, de renforcer les capacités des différents organes de l'Union Africaine afin d'améliorer leur gestion. La question de l'intégration concerne toutes les bonnes volontés. Aucune action allant dans ce sens n'est de trop. L'un des grands défis à relever est celui de la mise en place d'une nouvelle gouvernance au sein de l'Union

---

[68] Léopold Sédar Senghor, préface, in *l'Afrique contre son indépendance économique* ? Jean Ngandjeu, Éditions L'Harmattan, 1988.

[69] Joseph Marie Essomba, *Cheikh Anta Diop et son dernier message à l'Afrique et au monde*, Éditions Ama/COE, janvier, 1986.

Africaine. Une fédération n'est pas une addition de chefs d'État ni une assemblée où des dirigeants se retrouvent pour défendre leurs intérêts personnels. Rappelons qu'une fédération, encore une fois, consiste à créer des espaces économiques et politiques viables qui permettront à la sous-région de disposer et d'organiser un marché qui, dans le cadre d'un développement régionalisé, favorise l'écoulement de l'essentiel des biens et services dont regorgent les différents pays africains.

C'est l'absence de commercialisation de produits de premières nécessités sur le plan interafricain qui fait que les pays africains importent massivement des produits alimentaires manufacturés. Ces produits importés coûtent excessivement cher et sont devenus inaccessibles pour la majorité des populations.

L'intégration consiste également à faire en sorte que la conscience d'une ancienne unité oubliée habite la majorité des populations. Il faut parvenir à ce que toutes les histoires locales souillées par le tribalisme soient désenclavées de même que les frontières artificielles. La construction africaine doit permettre à tous les Africains et surtout aux plus jeunes de cultiver une mentalité panafricaine nouvelle qui fera prévaloir l'Afrique des peuples sur l'Afrique des pseudo-États. Chaque Africain doit se sentir vraiment chez lui partout en Afrique.

L'Union Africaine doit tout mettre en œuvre pour que tous les Africains aient les mêmes traitements en termes de démocratie, de liberté d'expression, d'accès à l'emploi, à la santé et à l'éducation. Sur ces différents points, les disparités sont trop importantes d'un pays à un autre. C'est cela le vrai panafricanisme et le socle de l'Unité Africaine.

Il est urgent de mobiliser tous les acteurs sociaux autour de ce combat vital. Les populations doivent se donner la main pour montrer aux dirigeants que l'Union Africaine qu'ils ont créée ne doit plus rester un lieu de réunions pour établir des rapports qui finissent dans les tiroirs. L'organisation doit tout mettre en œuvre pour accueillir des représentants démocratiquement élus qui ont l'amour de la démocratie et qui ont envie de bâtir des politiques communes.

Nous sommes conscients que les États actuels doivent faire beaucoup d'efforts pour atteindre cet objectif. Chacun devra laisser de côté ses intérêts personnels au profit de l'intérêt collectif car ce qui compte vraiment c'est la volonté de mutualiser les ressources pour qu'il y ait une meilleure répartition et une utilisation efficientes des richesses.

De nos jours, c'est irresponsable de croire que les États africains pourraient s'en sortir autrement que par l'intégration. Certains nous diront qu'il est bien beau de parler d'unité quand on voit les centaines de milliers de nos compatriotes mourir de faim, des guerres civiles ou des répressions perpétrées par certains dictateurs. Toutefois, ce qui est important à observer, c'est que toutes ces situations sont la conséquence des dérives d'une minorité de privilégiés au pouvoir qui profitent de la misère des populations pour semer la terreur et que, justement, dans le cadre d'un État fédéral, l'intérêt collectif primera et empêchera de telles dérives.

Aujourd'hui, si l'Union Africaine n'a aucune autre solution que de faire appel à une intervention étrangère française pour rétablir la paix au Mali, en Centrafrique ou pour combattre les extrémistes de Boko Haram, c'est parce qu'elle n'a pas une politique de défense coordonnée. L'institution a besoin de patriotes qui protègent les populations au lieu de toujours compter sur les puissances étrangères qui n'interviennent que pour protéger leurs propres intérêts.

La sécurité ne se délègue pas. La communauté internationale pourra compléter les efforts des États mais ne doit pas se substituer à eux. Sur ces questions, la majorité des États a encore beaucoup de chemin à parcourir. En effet, on ne peut pas s'empêcher de l'avouer quand on regarde le gaspillage de temps, d'argent, de talents et d'énergie en Afrique. Aujourd'hui, aucun pays africain n'utilise le peu de ressources disponibles au service du développement. Nous sommes révoltés par l'acharnement avec lequel certains dirigeants refusent la démocratie, l'alternance politique, la méthode et l'organisation. La plupart d'entre eux gaspillent les ressources et sabotent tous les projets d'émergence.

Axelle Kabou est excédée et affirme que *« les politiques détestent la cohérence, la transparence et la rigueur. Leurs efforts s'articulent essentiellement autour de la répression et de signatures d'accords qu'ils ne respectent jamais. En cas de catastrophe en Afrique, rien n'est prévu, hormis l'espoir d'une intervention étrangère, considérée comme un dû historique*[70] ». Pourtant, certains responsables politiques africains sont plus riches que certains riches des pays qui les aident. Mais que font-ils de cet argent ? Ils transfèrent ces sommes dans des banques-refuges du Nord et dans les paradis fiscaux dont ils sont les principaux actionnaires.

---

[70] Axelle Kabou, *Et si l'Afrique refusait le développement* ?, Paris, Éditions L'Harmattan, 1991.

Le résultat de cette politique est terrible. Joseph Ki-Zerbo nous rappelle que « *les pays d'Afrique restent les plus misérables du monde. Le revenu par tête d'habitant en Afrique est cinquante fois inférieur à celui d'un Suisse, d'un Français, d'un Anglais ou d'un Belge. À cause des maladies, l'espérance de vie est de vingt-cinq ans de moins que dans ces pays industrialisés. Un Africain moyen vit une génération de moins qu'un Européen*[71] ». Voilà à peu près l'architecture de la situation générale de l'Afrique. Il ne faut pas avoir honte de la révéler voire de la dénoncer. La constater, c'est non seulement une preuve de courage, mais aussi de responsabilité. Il faut rompre avec les vieilles traditions de gouvernance d'État qui consiste à subir les chantages des institutions internationales, de garder le silence et de gouverner dans la douleur. Chaque responsable politique gagnera à informer et à rendre compte au peuple. Il s'agit d'élever le niveau de conscience et de pensée politique de nos concitoyens. En illuminant le peuple on lui donne les moyens de se défendre et de défendre les intérêts de la nation. Les pays africains se feront respecter le jour où leurs filles et fils prendront leur destin en main par le sens du travail, des innovations et du patriotisme comme étant les clés de leur progrès et de leur développement. Cet objectif peut être atteint avec tout simplement l'engagement de tous. C'est ce que l'Europe a réussi à faire après la Deuxième Guerre mondiale. La rupture s'est traduite par le renforcement de la coopération régionale qui a abouti à la création de l'Union Européenne qui a au moins garanti la paix dans cette région longtemps marquée par des guerres fratricides.

---

[71] Joseph Ki-Zerbo, *À Quand l'Afrique* ?, Éditions de L'Aube, 2003.

La renaissance africaine ne se réalisera qu'en opérant elle aussi des séries de ruptures. La première rupture consistera à permettre aux États africains de retrouver leur souveraineté. Pour cela, la question de la monnaie devra être tranchée. En effet, toutes les intégrations qui ont le mieux réussi dans le monde, se sont réalisées autour d'une monnaie commune. L'intégration européenne en est un exemple avec la création de l'Euro. Toutefois, avant de créer une monnaie commune, il s'avère nécessaire de résoudre les questions de gouvernance d'État et de démocratie. Cela ne sert à rien de concevoir une monnaie avec des dirigeants qui continuent de piller ou de brader les ressources naturelles des pays qu'ils dirigent.

Il apparaît que pour espérer aller mieux, le Sénégal doit renforcer ses alliances avec les États voisins qui présentent tous les mêmes symptômes. Pour passer du sous-développement à l'émergence, le pays doit élaborer son propre modèle. Celui-ci doit tenir compte des réalités locales, du contexte africain mais aussi des réalités internationales. Comme le préconise Jean Ziegler, « *il est urgent, en Afrique de connaître l'ancien pour servir le nouveau. C'est-à-dire qu'il faut que les Africains mettent en lumière certaines matrices culturelles d'où peuvent sortir demain des façons de vivre, des intelligences du destin, et, qui sait, un monde révolutionnaire et nouveau*[72] ».

Les Sénégalais doivent se mobiliser autour de ce projet. Toutefois dans son ouvrage « *À Quand l'Afrique* ? », Joseph Ki-Zerbo nous met en garde sur le fait que l'émergence n'est pas une course olympique. En effet, l'héritage transmis par l'Europe à travers l'esclavage et

[72] Jean Ziegler, *Le pouvoir africain*, Éditions Le Seuil, 1979.

l'impérialisme est encore très lourd et n'est toujours pas exorcisé. Le Sénégal doit faire bon usage du présent pour faire mouche au futur, car le plus difficile n'est pas d'où nous venons, mais plutôt où nous désirons ou rêvons d'aller. Il faut tenir compte de ces paramètres et relever les défis qui s'imposent.

Chapitre 9
Défis économiques

Politiquement presque tous les pays africains sont indépendants, mais économiquement, peu d'entre eux le sont. Dans son ouvrage *« l'Afrique contre son indépendance économique »,* Jean Ngandjeu attire notre attention sur *« la dépendance excessive des États à la haute finance internationale*[73] ». En effet, depuis 1960, les pays continuent de s'endetter. En même temps, ils bradent leurs matières premières, pratiquent une agriculture de traite et importent massivement des produits finis très coûteux. Les produits miniers et d'origine agricole sont toujours transformés dans les pays industrialisés en biens manufacturés et revendus à des prix que la majorité des populations ne peut pas payer.

Si nous prenons le cas du Sénégal, l'arachide est historiquement le symbole de l'agriculture. Il occupe près de 50 % des terres. Dès le 19ème siècle, la production arachidière du Sénégal est exportée vers les industries françaises qui les transforment essentiellement en aliment pour le bétail et en huile pour la cuisine. Elle est également utilisée dans la composition du savon de Marseille très convoité à partir de 1820. Il s'agit donc d'une monoculture qui connaît un fulgurant succès jusqu'aux années 1980, années durant lesquelles apparaissent les premières difficultés. Les sols du bassin arachidier sénégalais s'appauvrissent et se dégradent à cause des méthodes intensives. La production chute. Les

[73] Jean Ngandjeu, *L'Afrique contre son indépendance économique*, Éditions L'Harmattan, 1988.

termes de l'échange se détériorent et provoquent une baisse considérable du pouvoir d'achat des producteurs.

L'État, dont les principales ressources provenaient des devises issues de la vente des matières premières agricoles, est confronté à des problèmes d'équilibre budgétaire. Il sollicite alors la Banque Mondiale et le Fonds Monétaire International qui acceptent de le financer en contrepartie de la mise en place de Politiques d'Ajustements Structurels qui se traduisent par une privatisation des entreprises publiques comme la Société Nationale de Commercialisation des Oléagineux (SONACOS), les Sociétés de Distribution de l'Eau (SDE), de l'électricité (SENELEC) et à une suppression massive du nombre de fonctionnaires. La stratégie du Fonds Monétaire International consiste également à imposer une austérité budgétaire pour rembourser la dette et les intérêts qui sont souvent soumis à des taux supérieurs à ceux du marché. L'économie globale du pays se dégrade et rend la vie des citoyens de plus en plus difficile.

C'est le constat qu'établit le professeur Moustapha Kassé qui rappelle que « *même si les PAS permettent d'améliorer et de rétablir certains déséquilibres macroéconomiques, elles ne favorisent pas de nouvelles dynamiques de croissance durable. Ces réformes structurelles se traduisent, souvent, par une détérioration des conditions de vie des populations et par un accroissement de la pauvreté*[74] ». Elles ne favorisent pas la construction de nouvelles normes économiques et sociales pour succéder aux normes en crise. Au contraire, elles accélèrent leur décomposition, approfondissent la

[74] Moustapha Kassé, *Economie du développement*, tome1, Éditions Panafrika/Silex, 2009

régression économique et sociale et amènent l'État à se désengager et à laisser place, progressivement, à la libéralisation économique sous le contrôle d'investisseurs étrangers qui soutiennent la construction de fortunes sur la base de situation de rentes.

Les PAS ont beaucoup contribué à la dégradation des conditions de vie des Sénégalais et en général des Africains. Aujourd'hui, cette pauvreté des populations est réelle et globale. Elle se mesure par l'Indice de Développement Humain (IDH) qui est estimé en Afrique subsaharienne à 0,475 contre 0,888 dans les pays de l'Organisation de Coopération et de Développement Economique (OCDE).

Dans les pays d'Afrique, l'espérance de vie est de 55,5 ans contre 79,5 dans les pays de l'OCDE. 375 000 000 Africains vivent en moyenne avec moins de 1,25 dollar par jour. La production moyenne par habitant est très faible et la part de l'Afrique dans le commerce ne cesse de reculer. Elle est actuellement estimée à 2,30 % contre 3,80 % en 1980. En effet, les États africains ne parviennent toujours pas à mettre à profit le commerce international pour leur développement.

Hakim Ben Hamouda établit les raisons de cette singularité africaine. Selon l'auteur, « *l'Afrique est la seule région au monde où les matières premières et les produits de rente comme l'arachide, le cacao et le coton continuent à dominer largement le contenu des exportations au moment où les autres nations réussissent à diversifier leurs économies et à opérer des changements dans la structure de leurs exportations et augmentant considérablement la part des produits manufacturés ou celles des services*[75] ». C'est le cas des pays asiatiques qui, en moins d'un quart de siècle, deviennent de véritables dragons qui jouent les premiers rôles sur la scène internationale. En effet, à travers des dynamiques de croissance fortes, une maîtrise des nouvelles technologies, des efforts considérables en matière d'éducation et de santé, les pays asiatiques sont devenus des acteurs majeurs de l'économie mondiale et certains d'entre eux font désormais partie du club fermé des pays les plus développés. Ces pays ont montré leur capacité à faire de la politique commerciale un instrument dynamique en faveur de la croissance et de l'inscrire dans une vision globale et stratégique du développement. Ils confortent ainsi les théories économiques des pères fondateurs de l'économie classique comme Adams Smith[76]ou David Ricardo[77], sans oublier Karl Max[78]. Tous ces chercheurs ont unanimement mis l'accent sur le rôle du commerce international dans le développement des économies capitalistes.

La seconde raison de la marginalisation de l'Afrique est le caractère déséquilibré et inégal du système multilatéral qui s'observe sur les marchés, dont ceux des produits agricoles et industriels. Les produits agricoles des pays développés sont gracieusement subventionnés au moment où ceux des pays d'Afrique continuent de subir des réformes d'ajustement structurel qui pèsent lourd.

---

[75] Hakim Ben Hamouda, *l'Afrique, l'OMC et le développement*, Maisonneuve et Larose, 2005.

[76] Adams Smith, *La Richesse des Nations*, 1776.

[77] David Ricardo, *Principe de l'économie politique... Théorie de l'avantage comparatif*, 1817.

[78] Karl Max, *le Capital, Critique de l'économie politique*, Paris 1867.

Aujourd'hui, « *l'Afrique subsaharienne reste l'une des régions les plus gorgées de richesses naturelles, mais la plus paupérisée, assistée et fragilisée*[79] ». Il s'agit d'une situation déplorable car l'Afrique, qui a une vocation essentiellement agricole, est devenue une terre où les populations meurent de faim tout en continuant de produire en quantités suffisantes du coton, du cacao, du café et de l'arachide pour le bonheur des Occidentaux et que ces mêmes Occidentaux creusent pour les Africains des puits, les aident à se nourrir et à se soigner. Cependant, il faut bien distinguer la pauvreté des populations de celle du continent en tant que tel.

Ceci dit, nous pensons que le Sénégal, comme la plupart des pays africains, n'a pas de problème de ressources. Le Sénégal est un pays stable. Il regorge de gisements de gaz, de pétrole, de phosphate, de produits halieutiques, d'or et de zircon. C'est également « *le pays le plus aidé parmi ceux qui sont épargnés par la guerre*[80] ». Le problème est l'exploitation et la redistribution des recettes tirées de ces ressources. En effet, les recettes sont souvent gaspillées voire pillées. Les institutions et les règles de fonctionnement des administrations sont correctement établies au Sénégal. Le problème est qu'elles ne sont pas toujours respectées. Sincèrement, nous pensons qu'un pays comme le Sénégal pourrait aller beaucoup mieux. Nous lui suggérons les recommandations ci-après.

---

[79] *50 ans après, Quelles indépendances pour l'Afrique* ?, sous la direction de Makhily Gassama, Éditions Philippe Ray, 2010.

[80] Banque Mondiale, *mémorandum économique*, 1984.

A) Bâtir des politiques industrielles offensives

Depuis plus de deux siècles, l'industrie est au cœur du développement des sociétés. Son essor, après la Seconde Guerre mondiale, fut au centre de la dynamique des trente glorieuses, années de croissance soutenue en Occident (1945-1975) et durant lesquelles les conditions de vie et de travail ont subi des bonds prodigieux. Le pouvoir d'achat des ménages a progressé au même rythme que les gains de productivité.

Globalement, l'industrialisation permet l'accroissement de la productivité du travail. En effet, en assistant les bras de l'homme, l'industrie augmente l'efficacité. Elle permet également la création d'emplois en quantité et en qualité, ce qui est nécessaire pour la résorption du chômage et pour la création de revenus. D'ailleurs tous les pays qui connaissent une forte délocalisation ont un taux de chômage très élevé. Enfin, l'industrie valorise les ressources naturelles. Tous ces paramètres montrent que l'industrie joue un rôle de locomotive pour l'économie suite à ses effets multiplicateurs qui permettent de faire travailler plusieurs secteurs. Elle est le moteur de l'innovation et de la recherche. Dans cette direction, le Sénégal doit continuer à renforcer, en priorité, le secteur agricole, les secteurs de la pêche, du tourisme, de l'élevage et de l'énergie et de les accompagner d'un développement industriel. Sans usines, il n'y a pas de décollage possible de l'économie.

L'industrialisation s'est toujours posée en Afrique, comme une priorité pour la valorisation des ressources naturelles d'origine agricole et minière. Pourtant, la transformation sur place des matières premières permettrait la création de valeur ajoutée, d'emplois, l'augmentation de revenus et du pouvoir d'achat des ménages et la consolidation des finances publiques grâce aux prélèvements obligatoires et à la fiscalité et le bien-être des populations. Mais l'industrialisation africaine est-elle encore possible ? En réponse à cette question, Moustapha Kassé démontre qu'elle est réalisable et qu'il existe un modèle pour le Sénégal. En effet, il rappelle que, « *dans toute l'ancienne Afrique occidentale française (AOF), au lendemain des indépendances, le Sénégal comptait parmi les pays les mieux dotés en infrastructures industrielles. Durant les deux premières décennies qui suivirent l'indépendance (1960-1980), l'État s'était proposé d'être le moteur du développement économique du pays. Il intervenait dans tous les secteurs d'activité en élaborant une politique sectorielle dont les deux pôles majeurs étaient l'agriculture et l'industrie*[81] ». L'État a ainsi mis en place des sociétés publiques et parapubliques et en exerçait le contrôle total. Il avait créé des industries alimentaires, des industries extractives et chimiques, en passant par le raffinage du pétrole, mais aussi l'électricité, l'eau et le secteur bancaire.

Historiquement, l'industrialisation du Sénégal avait démarré en 1921 avec la création de la Société Électrique et Industrielle du Baol (SEIB) qui va disparaître pour être absorbée plus tard par la Société Nationale de Commercialisation des Oléagineux du Sénégal (SONACOS), suivie dans les années 30 de la Société des Brasseries de l'Ouest Africain (SOBOA), de chaussures (BATA), de l'huilerie Lesieur, de la Société Africaine de

[81] Moustapha Kassé, *L'Industrialisation africaine est possible, quel modèle pour le Sénégal* ?, L'Harmattan, 2013.

Raffinage (SAR), de la Société de Commercialisation du Ciment (SOCOCIM), des Industries Chimiques du Sénégal (ICS) en vue de la transformation des phosphates locaux en engrais. La politique industrielle s'est intensément poursuivie avec la création de la Société Nationale d'Exploitation des Eaux du Sénégal (SONEES) qui devient la Société Des Eaux (SDE) dont l'exploitation fut cédée majoritairement à des partenaires privés. Quant à la Société Nationale d'Electricité du Sénégal (SENELEC), société en charge de l'électrification, elle connaîtra un échec de sa privatisation. Sa gestion inefficiente continue de peser sur le quotidien des populations et sur l'économie du pays malgré tous les investissements qui ont été réalisés pour la redresser.

Dans le domaine maritime, Dakar marine et la Compagnie Sénégalaise de Navigation Maritime (COSENAM) furent créées. L'industrie textile connaît une diversification avec la mise en place de Petites et Moyennes Industries (PMI), comme la Société de Teinture d'Apprêt de Blanchiment et d'Impression Africaine (SOTIBA sympafric). En revanche, toutes ces sociétés se sont effondrées. Elles ont surtout été concurrencées par les produits d'importation. La mauvaise gestion a également affecté certaines d'entre elles. Se faisant, la rentabilité de ces unités industrielles baisse, ce qui pousse l'État à prendre un arsenal de mesures d'incitations à l'investissement et à la production. Cette restructuration du tissu industriel s'est achevée avec l'adoption en 1986 de la Nouvelle Politique Industrielle (NPI) mise en place par le gouvernement d'Abdou Diouf et dont les objectifs étaient d'améliorer la compétitivité intérieure et extérieure de l'économie, de diversifier les exportations vers les produits manufacturés, d'encourager l'investissement privé et d'assouplir la législation du travail. Cette politique sera un échec, car, de toutes les mesures prévues, seules celles relatives à la protection tarifaire ont été convenablement appliquées.

Depuis ces années 1980, de multiples programmes et politiques industriels se sont suivis sans résultats significatifs. Les privatisations et les liquidations affectent tous les secteurs industriels sénégalais. Les entreprises d'État se limitent à l'encadrement du monde rural et à la gestion des infrastructures. C'est d'ailleurs le cas partout en Afrique subsaharienne. Pourtant, pour leur émergence, tous ces pays dits en voie de développement devraient se lancer dans de nouvelles politiques industrielles, nécessaires à la création d'emplois à la réduction des importations, à la lutte contre la pauvreté liée en grande partie à la dépendance étrangère. Un pays comme le Sénégal pourra par exemple le faire dans les secteurs de la pêche et du tourisme.

En ce qui concerne les produits halieutiques, il s'agira de réguler l'intensité de la capture, de construire des unités de conservation, de transformation et de commercialisation qui permettront à toutes les localités du pays de pouvoir se procurer de produits frais toute l'année. Sur ce point, le Sénégal a une expérience avérée. En effet, le pays disposait et dispose toujours d'infrastructures industrielles telles que la Société de Transformation de Produits Halieutiques (SOSECHAL Crustage). Cette usine basée à Ziguinchor emploie plus de 1000 journaliers et des dizaines de permanents.

La Société Sénégalaise d'Armement et de Pêche (SOPASEN), implantée dans le Môle 10 du port de Dakar, occupe 8 000 mètres carrés. Avec ses 20 chalutiers, ses 3 chambres froides de stockage d'une capacité de 1 300 tonnes et son usine de transformation, elle traite près de 15 000 tonnes de produits halieutiques dont 10 000 tonnes de produits congelés bord et 5000 tonnes de produits congelés terre. La quasi-totalité de la production est exportée vers l'Union Européenne, l'Afrique, l'Asie, le Moyen-Orient et l'Amérique du nord. Le développement du secteur de la pêche passe également par le renforcement de la pisciculture et des industries artisanales. En facilitant l'accès aux crédits de ces filières, on favorise leur pénétration du marché sous-régional voire international.

Sur le plan de l'équipement et des outils de pêche, la rénovation de la flotte industrielle nationale s'avère nécessaire. Le pays pourra également renforcer les systèmes de contrôle et de surveillance des côtes afin d'éradiquer la pêche illégale et clandestine. L'octroi des licences de pêche, le contrôle des normes sanitaires, la protection de l'environnement maritime devront faire l'objet d'une politique plus stricte, nécessaire pour l'accession aux marchés internationaux très exigeants en matière d'hygiène et de sécurité.

En ce qui concerne le tourisme et l'artisanat, les assises nationales constatent que « *les principales* faiblesses *du tourisme sénégalais sont liées à des choix stratégiques : un ciblage essentiellement limité aux pays européens, la saturation du tourisme balnéaire, un faible budget de promotion. Avec une absence de tours opérateurs nationaux, une insuffisance de mesures cohérentes et constantes pour faire face au caractère saisonnier du tourisme, un positionnement brouillé confronté à la réalité de ses attraits insuffisants, le Sénégal oscille entre tourisme de masse et tourisme de haut de gamme*[82] ». Il ressort de ces constatations que le tourisme a besoin de réformes.

Actuellement, le secteur touristique connaît un véritable déséquilibre géographique. La carte touristique du pays indique que les activités se situent principalement sur le littoral (Saint-Louis, Dakar, Delta du Saloum et Basse-Casamance). Il faut alors aménager les localités insuffisamment équipées. Le renouvèlement de l'industrie du tourisme consiste également à promouvoir l'écotourisme et à développer une offre locale. En ce qui concerne la diversification de l'offre, il s'agit de répondre à une demande réelle des classes moyennes qui se sont considérablement développées. Celles-ci consacrent davantage de ressources à leurs loisirs. Elles profitent davantage de leurs congés payés pour se rendre dans des sites touristiques et y passer des vacances. En ciblant cette nouvelle clientèle potentielle, les professionnels pourront obtenir de nouvelles sources de recettes.

Le développement de l'écotourisme pourra également redynamiser le secteur. L'activité touristique ne peut être uniquement réduite au balnéaire. Bien au contraire, l'écotourisme, moins agressif et plus durable, existe, parce que très soucieux du respect de l'environnement. Il constitue un complément indispensable.

Le développement du tourisme passera également par la réduction de sa dépendance aux financements extérieurs. En effet, sur le plan des investissements touristiques les étrangers se taillent la part du lion. La prédominance des

---

[82] *Assises nationales, Sénégal, an 50, Bilan et perspectives de refondation*, Paris, L'Harmattan, 2011.

investissements étrangers entraine un manque d'autonomie qui fait que les sites ne peuvent pas décider de l'orientation à donner à leurs activités et le fait que les valeurs ajoutées dégagées ne sont pas partagées et réinvesties au pays. Elles sont souvent rapatriées en Europe, et au pire des cas planquées et protégées dans des paradis fiscaux. Elles ne profitent pas suffisamment aux acteurs locaux qui ont pourtant donné leur force de travail à leur réalisation.

Présentement, le tourisme constitue une ressource économique de premier plan pour le Sénégal. Il mérite d'être soutenu. Comme le préconise Mamadou Diombéra, « *le Sénégal doit réinventer une nouvelle politique touristique qui tend vers la diversification des produits proposés. Cette orientation doit permettre d'atteindre quatre objectifs principaux. Il s'agit d'abord de préserver l'immense potentiel historique, écologique, ethnique et culturel du pays, ensuite de valoriser et d'exploiter judicieusement ces atouts, puis de mieux vendre la destination Sénégal à travers le monde, et enfin de faire bénéficier aux populations locales des retombées du tourisme*[83] ».

Voilà en résumé les défis majeurs que le secteur doit relever pour pouvoir continuer à jouer son rôle dans l'économie sénégalaise.

Les recommandations relatives à l'élevage consistent à tout mettre en œuvre pour une baisse durable et continue des importations des produits de la filière. C'est possible à condition de poursuivre la mise en place d'infrastructures de production, de transformation, de conservation et de

[83] Mamadou Diombéra, *Le tourisme sénégalais à la recherche d'une nouvelle identité*, TEOROS revue de recherche en tourisme, 2012.

distribution des produits. Il faut réduire les pertes et faire baisser les prix des produits locaux en les subventionnant. Il s'agit aussi de réduire le nombre d'intermédiaires entre les producteurs et les consommateurs finaux. De telles mesures réduiraient les coûts. C'est le seul moyen de concurrencer, par exemple, le lait importé qui reste dominant dans la consommation des ménages.

Tout doit être mis en œuvre pour augmenter davantage les productions afin de satisfaire la demande qui varie en fonction des saisons, des évènements et des fêtes religieuses, musulmanes et chrétiennes : la fête du sacrifice d'Abraham ou l'Aïd El Kébir, la fin du Ramadan ou l'Aïd el Fitr, Noël, la fête commémorant la naissance de Jésus, les célébrations du Magal de Touba, la commémoration du départ en exil de Cheikh Ahmadou Bamba, le Gamou ou Mawloud, l'anniversaire de la naissance du prophète, les appels de Seydina Limamou Laye et de Cheikh Ibrahim Niasse, tous deux guides religieux.

Durant ces évènements, la demande augmente au point d'obliger l'État et les opérateurs privés à importer massivement du bétail, de la volaille et divers produits animaux. La conséquence est bien évidente : la hausse des prix qui poussent les ménages aux revenus souvent d'une modestie extrême à s'endetter ou à dépenser sans mesure.

Pour répondre convenablement à de telles demandes fortes, il est évident que le ministère de l'élevage doit aider le secteur à s'approprier les techniques modernes d'augmentation du cheptel. Il s'agira également de créer des abattoirs, des structures de conservation et de commercialisation dans les grandes villes. En mettant en place de telles infrastructures, on crée des emplois directs et on améliore les conditions d'hygiène, de sécurité des produits, des équipements, et aussi les conditions de travail des personnels.

En revanche, la tâche la plus importante à laquelle l'État et les collectivités locales doivent s'atteler consiste à faire respecter scrupuleusement les règles d'hygiène et de sécurité liées aux différentes filières. Le secteur de l'élevage est très sensible. Il fait l'objet de plusieurs inquiétudes notamment liées à l'alimentation fournie aux bétails, aux volailles et à leur traitement. La traçabilité des produits animaux est difficile à établir de même que le respect des normes de leur conservation et transformation. Les chaînes de froid ne sont pas toujours respectées notamment à cause des récurrents problèmes énergétiques. Le contrôle douanier des produits importés doit être renforcé car la non-maîtrise des importations peut avoir de graves conséquences sur la santé de nos concitoyens. C'est important au moment où des maladies liées à l'alimentation touchent davantage les populations.

Si les réformes que nous recommandons se réalisent, le secteur pourra enfin contribuer à la sécurité alimentaire du pays, fournir une alimentation saine aux Sénégalais, pénétrer sereinement et de manière compétitive le marché africain voire international, générer des emplois et accroître le revenu des producteurs.

L'objectif de toutes ces politiques que nous recommandons est bien évidemment de diminuer les importations de produits manufacturés et encourager le « *consommer local* ». Ce sont des recommandations des auteurs des « *cahiers de l'Alternance*[84] » qui se sont

---

[84] *Les cahiers de l'Alternance, du slogan à la réalité*, N°13, janvier, 2010.

mobilisés pour mener une réflexion sérieuse sur les possibilités de modernisation et de développement de l'économie sénégalaise. En effet, ces défenseurs de la consommation endogène démontrent la nécessité de consommer les produits locaux pour des raisons économiques, écologiques, sanitaires et socioculturelles. Le consommer local contribue à rendre la consommation moins onéreuse, plus saine et constitue un puissant levier du développement économique et social.

Au Sénégal, l'État annonce affecter plus de 260 milliards d'investissement dans le secteur agricole. Le pays manifeste ainsi, une volonté de faire face à la question de l'autosuffisance alimentaire. Toutes les bonnes volontés allant dans ce sens doivent bien évidemment être encouragées et soutenues. Dans la mesure où nous consommons local, nous stimulons un essor de la production, contribuons à créer des emplois et à combattre la pauvreté. Il s'avère nécessaire de valoriser les produits locaux d'ameublement, d'habillement et de construction. Les services publics compétents dans les domaines de l'artisanat, de l'industrie et de l'immobilier se doivent d'encourager, de soutenir et d'inciter les populations à utiliser des produits confectionnés par les industries locales.

Il s'agit également d'inciter les populations à aménager leur maison avec des meubles et des accessoires fabriqués au pays. Un salon importé n'est pas de qualité meilleure que celui fabriqué sur place avec les moyens nécessaires. Un vêtement portant une marque étrangère n'est pas non plus de qualité supérieure à une tenue traditionnelle locale faite sur mesure. Les boissons importées ne sont pas meilleures que les jus à base de produits locaux comme la groseille, le pain de singe, les mangues, les oranges, le citron, les goyaves, etc. Ce sont bien évidemment des questions de goûts et d'habitudes alimentaires qu'il est possible et nécessaire de modifier. Tant que les produits importés jouiront de plus de prestige que les produits exotiques locaux, il sera très difficile de faire la promotion du consommer local. C'est possible si tout le monde s'y met, à commencer par les médias.

En dehors de l'État, les entreprises auront un rôle déterminant à jouer dans la sensibilisation et la conscientisation des consommateurs. Tous ceux qui incarnent le concept de *consommer local* doivent donner l'exemple. Il s'agit pour l'État de prendre des mesures qui consistent, par exemple, à équiper, à fournir et à entretenir tous les services publics par des meubles, des vêtements et des accessoires locaux. Un tel choix permettrait de soutenir, de façon significative, la production nationale et la création d'emplois directs.

Nous ne sommes pas en train de dire qu'il faut rejeter systématiquement les produits importés. Bien au contraire, nous pensons que ces biens ont leur place dans le marché local. Les produits étrangers pourront compléter les productions nationales au lieu de les étouffer ou de les concurrencer férocement et souvent déloyalement. La présence massive des produits importés sur les marchés sénégalais, certes moins chers, mais pas toujours de meilleure qualité n'est pas une bonne chose pour l'économie et pour la sécurité de nos concitoyens. Toutefois, la réussite de la consommation locale exige que les Sénégalais changent leurs habitudes de consommation. L'incitation à la consommation de produits locaux doit s'accompagner de stricts contrôles sanitaires car les normes d'hygiène et de sécurité ne sont pas toujours respectées pendant le transport et la conservation des produits. Les contrôles au niveau des frontières par les services douaniers devront aussi être renforcés.

B) Consolider le secteur rizicole et du mil, base de l'alimentation

Le riz et le mil sont deux céréales qui constituent la base de l'alimentation des Sénégalais. La riziculture locale est pratiquée essentiellement par de petits exploitants. Elle fait vivre directement plus de 300 000 ménages. Le Sénégal est actuellement l'un des plus gros consommateurs de riz de l'Afrique de l'Ouest avec une consommation de 90 kilogrammes par habitant et par année. Ce qui est gênant est bien évidemment le fait que cette denrée est essentiellement importée. Chaque année, le Sénégal importe près de 800 000 tonnes de riz, ce qui représente un coût de plus de 800 milliards de francs CFA.

Afin de réduire cette dépendance vis-à-vis notamment des pays asiatiques, l'État prend des mesures qui viseraient à appuyer et à favoriser les productions locales. C'est pourquoi la Société Nationale d'Aménagement et d'Exploitation des Terres du Delta (SAED) réalise d'importants investissements pour encourager la production, la commercialisation et pour atteindre l'autosuffisance en riz d'ici 2020. Ces infrastructures sont mises en place dans la Vallée au nord du Sénégal, propice à la culture grâce aux techniques d'irrigation. Il s'agit d'une zone qui couvrirait, à elle seule, environ 57 % des besoins en riz du pays.

Parmi les autres foyers de culture du riz, nous avons bien évidemment la Casamance. Afin de reconquérir cette région deux contraintes doivent être levées : l'instabilité politique et les méthodes de productions traditionnelles. La réorganisation des producteurs et la modernisation des infrastructures de production, de conservation et de décorticage se réalisent.

Globalement, la production de riz local augmente sensiblement au Sénégal. Elle était de 312 000 tonnes entre 2009-2010, 336 000 en 2010-2011, près de 370 000 tonnes en 2011-2012 et plus de 600 000 tonnes actuellement, au moment où la demande du marché sénégalais est estimée à 1 200 000 tonnes. Des chiffres qui attestent de la bonne mise en œuvre des programmes et du dynamisme des acteurs de la filière. De nouvelles variétés sont expérimentées dans la région du fleuve. Les volumes importés diminuent. Ce sont des raisons qui nous autorisent à pronostiquer des lendemains meilleurs pour le *consommer local*. Le riz made in Sénégal commence à se faire une bonne place dans le panier de la ménagère même s'il est plus coûteux que le riz importé. Ces informations montrent que des progrès considérables se réalisent même s'il reste beaucoup à faire pour promouvoir le riz local. La mise en place du Programme National d'Autosuffisance en Riz (PANAR) pourra, peut-être, permettre d'atteindre dans les meilleurs délais les objectifs de l'autosuffisance en riz qui pourra être accompagnée par celle du mil.

Le mil est la céréale la plus cultivée, bien qu'elle est moins consommée que le riz. Pourtant sa production présente plusieurs avantages. Il s'agit d'une culture qui se satisfait de terres pauvres et de faibles pluies. Aussi, c'est une céréale sans gluten, très riche en vitamines et sels minéraux. Au Sénégal, celle céréale est utilisée lors des baptêmes et durant les cérémonies funéraires. Le plat proposé, appelé le *lakh*, est préparé avec du lait fermenté. Le mil est également utilisé en couscous, comme le *Thierré Bassi*, un plat très convoité au Sénégal. Les terres cultivables sont estimées à 3,8 millions d'hectares soit 19 % de la superficie totale du pays. Elles sont situées en majorité dans le Bassin Arachidier (57 %) et en Casamance (20 %).

C) Gérer le secteur énergétique et valoriser les déchets

Le secteur de l'énergie constitue un lourd fardeau au Sénégal. Plusieurs raisons l'expliquent : les coûts d'approvisionnement qui sont élevés, des installations techniques vétustes et une gestion financière qui n'est pas toujours efficiente. Pourtant de nombreux plans ont été mis en place pour restructurer le secteur et pour augmenter la production d'électricité. A ce sujet, la Banque Mondiale a été sollicitée, en 2010 par l'État sénégalais, à hauteur de 68,5 millions d'euros consacrés à la modernisation des infrastructures de distribution et à l'amélioration du système de facturation. L'objectif est de réduire les fraudes, responsables de l'essentiel des pertes commerciales de la Société Nationale d'Electricité du Sénégal (SENELEC), une société anonyme à capitaux publics majoritaires, concessionnaire de la production, du transport, de la distribution et de la vente de l'énergie électrique. Il s'agit donc de mesures prises par le gouvernement qui affiche sa volonté de réformer le secteur énergétique.

En ce qui concerne les matières premières, les populations utilisent principalement la biomasse pour cuire, sécher, chauffer l'eau et pour transformer la matière. La biomasse représente près de 80 % de la consommation totale d'énergie primaire. Les méthodes actuelles de ramassage du bois et de production de charbon ne sont pas bonnes. Elles détruisent les ressources naturelles et provoquent des problèmes écologiques.

En dehors de la biomasse, des pays comme le Sénégal utilisent les produits pétroliers, soit 38 % de sa consommation. La facture pétrolière pèse lourd sur les finances publiques. Depuis 2010, l'État sénégalais règle en moyenne une facture estimée à 621 milliards de francs CFA contre 184 milliards en 2000. Cela représente l'équivalent de 40 % de ses recettes d'exportations déjà mal en point. Aussi, au Sénégal, 5 millions de personnes sur une population de près de 15 millions n'ont pas toujours accès à l'électricité. Les foyers équipés sont toujours affectés par les délestages et par les coupures d'électricité qui ne sont toujours pas totalement éradiqués. Des quartiers sont privés d'énergie pendant des nuits et des journées entières. Dans les stations-service, les populations vont chercher du carburant avec des bidons pour alimenter leurs groupes électrogènes, qui produisent de l'énergie et un bruit parfois insupportable.

Au niveau continental, il apparaît que l'Afrique possède d'importantes sources d'énergie mais ne les exploite pas suffisamment. En effet, l'Afrique représente environ 9,5 % de la production énergétique mondiale, mais elle ne consomme qu'environ 3 % de cette production. La capacité des 48 pays au sud du Sahara est de 68 gigawatts, presque 2 fois inférieure à celle de la France. Hors Afrique du Sud, la consommation d'électricité en Afrique subsaharienne représente à peine 1 % de celle des pays à revenu élevé.

En ce qui concerne les énergies renouvelables, l'Afrique subsaharienne produit 82,9 térawatt heures (1000 milliards de wattheures) d'électricité hydraulique, soit seulement 2,6 % de la production mondiale, mais elle n'exploite que 3 % de son potentiel hydroélectrique. Elle tient aussi une place insignifiante dans la production des autres sources d'énergies renouvelables.

Aujourd'hui, la plus grande contradiction consiste à vouloir distribuer de l'électricité à une population qui n'a pas toujours les moyens de payer les factures. Cette contrainte est si prégnante que les bailleurs de fonds tiennent rarement leurs promesses, faute de rentabilité. Les entreprises privées sollicitées préfèrent la reprise d'installations existantes à la construction d'ouvrages neufs. Elles se désengagent souvent à cause du coût prohibitif de la réhabilitation d'équipements obsolètes et de l'impossibilité de vendre la production à son vrai prix. Face à ces difficultés, quelles perspectives ?

Au lendemain des indépendances, le recensement des sources d'énergie ainsi que les procédés de leur exploitation ont été réalisés par Cheikh Anta Diop. Il ressort de cette recherche que les grandes sources d'énergie d'origine hydraulique et solaire pourraient faire de l'Afrique subsaharienne l'une des régions les plus industrialisées du monde. Il s'agit de faire en sorte que les progrès dans l'équipement énergétique de l'Afrique suivent le rythme de l'amélioration des revenus. L'énergie

est vitale. Sans énergie il n'y a pas de développement. Dans les pays africains, l'énergie est le seul moyen d'alléger les peines des populations et de leur faire éviter l'exode. Il est d'ailleurs paradoxal que 500 millions d'Africains possèdent un téléphone portable alors qu'ils sont 700 millions à ne pas avoir accès à l'électricité.
Il est également nécessaire de poursuivre les programmes hydroélectriques, de développer l'énergie solaire et éolienne, d'utiliser au besoin l'énergie nucléaire dont l'Afrique du Sud est le seul pays du continent africain à en disposer. Le débat sur les moyens du développement des infrastructures énergétiques en Afrique subsaharienne reste donc ouvert. Toutefois, comme le préconise Cheikh Anta Diop, « *l'utilisation des sources d'énergie par les Africains eux-mêmes, non pas pour créer des industries complémentaires de celles de l'Europe, de la Chine ou de l'Inde, mais pour transformer les matières premières que recèle le continent, permettrait de faire de l'Afrique un continent vivable et respectable*[85] ». C'est une question qui doit interpeler tous les États et l'Union Africaine.

En effet, face au potentiel énergétique dont dispose le continent, face aux énormes besoins en infrastructures industrielles, les partenaires sont nombreux et se manifestent de plus en plus. Parmi ces partenaires potentiels, nous avons l'Europe et l'Asie qui mettent tout en œuvre pour gagner ce marché très porteur, qui pourrait permettre à ces continents de créer des milliers d'emplois pour leurs économies, de favoriser leurs croissances économiques et de légitimer leurs positions stratégiques en Afrique. Il est clair que l'Europe a une responsabilité sur

---

[85] Cheikh Anta Diop, *Les fondements économiques et culturels d'un État fédéral d'Afrique noire*, Présence africaine, 1974.

le manque d'infrastructures énergétiques en Afrique. Elle peut soutenir la mise en place d'équipements. En revanche, ce n'est ni à elle ou à un autre continent de développer l'Afrique. C'est aux États africains d'engager la démarche pour développer leur pays en créant les partenariats nécessaires pour atteindre cet objectif.

En attendant, ce sont les décharges comme celle de Mbeubeuss qui préoccupent les populations. Cette décharge est un terrain vague où sont entassés tous types de déchets. A ce sujet, Oumar Cissé[86] lance un signal d'alarme sur les inquiétants impacts de ce site sur l'environnement, l'économie locale, la santé et les conditions d'existence des populations riveraines. Cette décharge met en danger la qualité des eaux souterraines et des sols. Elle a des incidences directes sur la santé des populations, sur l'élevage, le maraîchage et sur les activités économiques locales. Nous pouvons multiplier les exemples. Mais rajoutons la baie de Hann et le canal de Rufisque au Sénégal. Cela fait des décennies que les populations de ces communes se plaignent des gênes occasionnées et des dangers que représentent ces dépotoirs de déchets. L'État et les collectivités locales se renvoient la balle et n'assurent pas du coup leurs rôles et leurs responsabilités. Ils ne protègent pas les personnes et l'environnement.

Au-delà du nettoyage nécessaire de ces sites, l'accent doit être mis sur l'éducation, la formation et de la sensibilisation des populations. Au Sénégal comme dans la plupart des pays africains, le problème est que la majorité de la population ne sait pas lire les consignes inscrites sur

---

[86] Oumar Cissé, *L'argent des déchets, l'économie informelle à Dakar*, Paris et Dakar, Karthala et Crepos, 2007.

les emballages. Il est fréquent que des bouteilles ou emballages ayant servi à contenir des produits dangereux soient réutilisés pour vendre de la boisson ou d'autres produits alimentaires. Les citoyens jettent les sacs plastiques car ils ne connaissent pas les dangers que ces matières représentent pour les animaux, pour la nature et pour leur santé.

Dans des villes côtières, le phénomène est plus alarmant. Les déchets sont de plus en plus jetés dans la mer. La conséquence est la contamination des produits halieutiques qui deviennent de plus en plus impropres à la consommation. Parmi les déchets dangereux, nous avons recensé les déchets médicaux, les déchets des industries chimiques et pétrolifères. Les déchets des collectivités locales comprennent surtout les boues des stations d'épuration, les déchets verts, les résidus du nettoiement des rues et des marchés publics, les déchets des administrations publiques comme les papiers. Rappelons qu'au Sénégal, la gestion des déchets coûte en moyenne 12 milliards de francs CFA à l'État.

Comme recommandations, nous proposons l'interdiction immédiate des emballages plastiques. Sur ce point, l'État sénégalais a réalisé des avancées qu'il faut consolider. Il peut s'agir également de créer une taxe spéciale pour tous les opérateurs économiques chargés d'importations de produits à contenants ou contenus nocifs. En ce qui concerne la gestion des déchets, il est impératif de s'orienter vers la mise en place d'industries de valorisation des déchets qui permettent l'incinération, le compostage, le recyclage et la transformation de certaines matières en énergies utilisables. Il s'agit de réparer les domaines qui sont déjà affectés mais aussi de changer les pratiques afin de préserver les zones géographiques qui ne sont pas contaminées. Afin d'y parvenir, le pays doit changer de mode de production et s'inscrire progressivement dans la dynamique des énergies renouvelables, des produits et des manières recyclables.

La gestion des déchets doit être au cœur de l'exploitation future du pétrole et du gaz. C'est un projet indispensable qui mérite d'être pris au sérieux si le Sénégal veut résoudre le problème des déchets dont l'accumulation constitue une véritable menace pour les populations, pour les animaux et pour le secteur du tourisme qui reste l'un des leviers de son économie. L'exploitation des ressources pétrolières et gazières est une affaire sérieuse qui nécessite des compétences et une gestion rigoureuse. Elle doit être rationnelle et transparente. Elle ne doit pas continuer à être souillée par des positions partisanes ou par des règlements de comptes. Elle doit faire l'objet d'une concertation nationale impliquant tous les acteurs sociaux du pays. Une fois que le climat actuel est apaisé et clarifié, il s'agit de revoir et de consolider les cadres juridiques, réglementaires et institutionnels existants en la matière.

Ce qu'attendent les populations, c'est bien évidemment que les revenus tirés du pétrole et du gaz puissent améliorer leur bien-être quotidien. Il faut le dire, la découverte du pétrole et du gaz fait naître d'immenses espoirs auprès des populations. L'attribution des marchés devrait privilégier la règle de la mise en concurrence des différents opérateurs potentiels. Une commission indépendante devrait se charger d'étudier les différentes offres et de choisir celle qui répond le mieux aux normes et aux conditions des transactions en matière d'exploration

et d'exploitation de telles énergies. Cela ne semble pas être le cas.
Au Sénégal deux types de contrats sont définis par le code pétrolier de 1998 : le régime de concession et le régime de partage. Pour le premier type de contrat, le concessionnaire est propriétaire du gisement et l'État n'a que la taxe sur la production et l'impôt sur les bénéfices comme sources de revenus. Pour le second, les ressources appartiennent à l'État (peuple) et sont partagées avec la compagnie partenaire (bénéfices après déduction des dépenses). Pour le cas du Sénégal, le gouvernement a opté pour le second type de contrat, c'est-à-dire des contrats de recherche et de partage de la production (CRPP). Ce dernier permet d'attribuer totalement les risques de pertes et d'obligations aux compagnies partenaires. C'est un choix dont nous prenons acte.

Pour nous l'urgence c'est, d'une part, de mettre en place un organe de contrôle des quantités qui vont être extraites des sous-sols sénégalais. Très souvent, des pays pétroliers africains négligent cette étape qui leur prive d'importantes recettes. Avec l'absence de contrôle, les compagnies exploitantes profitent toujours de la naïveté des autorités pour tirer le maximum de profit. Au Congo, la compagnie ELF a souvent menti et ment toujours sur la qualité et sur la vraie valeur des produits. Elle achète le baril à des prix très bas, après une décote, fixe les prix dans ses bureaux en France puis le revend avec d'hallucinantes marges déclarées en Suisse ou à Paris. Lorsque, le pays se retrouve en difficultés financières, ELF n'hésite pas à lui accorder des prêts moyennant des taux d'intérêts dépassant largement ceux du marché. A cause de ces pratiques néfastes, le Congo se retrouve aujourd'hui

endetté et pillé. Son pétrole ne profite pas du tout aux populations.
D'autre part, il s'agit de préserver le Sénégal de la malédiction autour des ressources naturelles et des conflits qu'elles peuvent provoquer. En effet, les pays bénéficiaires d'une rente économique minière sont souvent victimes d'un phénomène connu sous le nom de *syndrome hollandais*, phénomène économique qui relie l'exploitation de ressources naturelles au déclin de l'industrie manufacturière locale. Le Sénégal doit tout mettre en œuvre pour éviter un développement hypertrophié des secteurs du pétrole et du gaz au détriment des autres secteurs économiques. En effet, l'exportation d'hydrocarbures et de gaz peut se traduire par une forte augmentation des recettes publiques que l'État pourra utiliser pour développer les infrastructures du pays. En revanche, le risque est que si les prix du pétrole baissent, les dépenses publiques se compriment et les difficultés s'accentuent pour tous les Sénégalais. C'est pourquoi nous pensons que l'exploitation des ressources gazières et pétrolières doit être corrélée avec celle de tous les autres secteurs comme le tourisme, la pêche, le phosphate et l'or.

Le pays doit également veiller à ce que l'exploitation de ces ressources ne creuse pas les inégalités internes et surtout n'accentue pas la corruption. Ces effets conjugués créent des dysfonctionnements macroéconomiques qui font, en définitive, des rentes pétrolières et gazières un handicap au développement. Aujourd'hui, ce syndrome est bien observable à l'échelon des pays producteurs de pétrole comme le Congo. On observe dans ce pays que la rente pétrolière a desservi le développement économique en installant des mécanismes d'amplification des déficits

des finances publiques et de corruption qui finissent par gangrener tous les équilibres macroéconomiques.
Le Sénégal doit se servir de ces constatations et utiliser toutes les recettes tirées du gaz et du pétrole pour financer les priorités définies dans son Plan d'émergence. Il s'agira de financer le système de santé, l'éducation, l'agriculture, l'industrie et les infrastructures pour un développement endogène. Nous l'avons rappelé : l'objectif du Sénégal doit être la recherche de l'autosuffisance surtout alimentaire et sanitaire. Il s'agira aussi de refonder le système éducatif afin qu'il mette en place des formations qui contribueront à la transformation durable du pays. Cette transition passe par la formation d'une main-d'œuvre non seulement aux métiers du pétrole et du gaz comme ceux de géologues, de raffineurs, de logisticiens, de négociateurs, de financiers, d'informaticiens mais également aux métiers liés aux industries extractives, qui ont souvent des impacts négatifs sur la santé des communautés locales (risques de cancers, d'allergies, de maladies respiratoires et neurologiques).

L'exploration et l'exploitation des ressources doivent aussi prendre en compte le contexte sous-régional. Le Sénégal est frontalier du Mali, de la Mauritanie, de la Guinée Bissau des pays relativement instables et affectés par de l'insécurité. Le Sénégal gagnera à ce que les retombées de l'exploitation du pétrole et du gaz profitent collectivement à tous ses voisins. Il ne s'agit pas de partager le gâteau mais de construire ensemble des infrastructures de santé, d'éducation, routières, qui permettront d'enrayer le chômage des jeunes, de faciliter et de renforcer les échanges entre les pays. Si une telle approche n'est pas envisagée, les risques de tensions

s'installeront et empêcheront une exploitation efficiente et bénéfique de ces ressources.
Le Sénégal pourra se servir de l'exemple de pays comme la Bolivie qui a réussi à faire profiter au maximum sa population de l'exploitation du pétrole. En effet, dès son arrivée au pouvoir, le président Evo Morales entreprit une nationalisation des ressources naturelles. Son engagement pour une exploitation efficiente des ressources a permis d'obtenir des résultats satisfaisants. Aujourd'hui, 82 % du prix de vente revient à son pays. Les entrées fiscales sont également conséquentes. Il s'agit d'une coopération gagnant-gagnant, un exemple que le Sénégal pourra méditer. Le Sénégal devra également prendre conscience des déchets liés au pétrole. L'arrivée de l'or noir modifie l'écosystème et engendre des maladies. En effet, il fait disparaître des forêts, des espèces animales et végétales. Il empoisonne les nappes phréatiques et pousse les populations à abandonner leurs terres. Le Sénégal n'en est pas encore là mais doit tirer les leçons de l'exemple du pétrole au Nigéria.

Chapitre 10
Défis sociaux

A) Réformer l'Éducation nationale

Dans tous les pays d'Afrique subsaharienne, l'Éducation nationale est confrontée à des difficultés. Et pourtant, la plupart des États continuent de lui consacrer la part la plus importante de leurs budgets nationaux. Malgré cette mobilisation financière, l'Éducation nationale reste un grand corps malade dont une thérapie appropriée semble introuvable. Le dialogue entre l'État, les syndicats d'enseignants, les parents, les élèves et étudiants est fréquent mais reste très souvent au point mort. Les grèves des personnels sont récurrentes. Les années scolaires incomplètes sont fréquentes. Elles paralysent les établissements, provoquent des retards dans l'acquisition des savoirs et compromettent l'orientation post-baccalauréat des jeunes.

L'Éducation nationale est devenue une entreprise qui déverse chaque année sur le marché du travail des milliers de jeunes sans aucune qualification et qui ne valorise pas ses enseignants dont le métier devient de plus en plus difficile et précaire. En effet, en dehors du fait que les formations sont en inadéquation avec les emplois proposés par les entreprises et les organisations, de nombreux jeunes sortent du système sans qualification.

Au Sénégal, les taux d'abandon scolaire et de redoublement sont élevés. Au niveau de l'élémentaire, ils sont estimés à 9,80 % alors que le taux de redoublement se situerait à 3,90 %.

Au niveau du Moyen, le taux d'abandon connaît une hausse de 2,4 points par rapport à l'année de référence 2012 et 2015 (11,50 % contre 9,10 %). Le taux de survie en 3ème a connu une tendance baissière de près de 6 points par rapport à la référence de 2012, et près de 12 points par rapport à la valeur cible de 2015. Le taux de redoublement dans le secondaire général a connu une hausse de 4,1 points en 2012 et 2015 (19,50 % contre 23,60 %) et une hausse régulière durant toute la phase (21,90 % en 2013, 23,10 % en 2014 et 23,60 % en 2015). Tous ces dysfonctionnements rendent l'espérance de vie scolaire préoccupante.

De nombreuses réformes sont pourtant mises en vigueur. Des assises de l'éducation sont souvent organisées sans résultats satisfaisants. Des partenariats pour renforcer les capacités institutionnelles et pour améliorer la qualité de l'éducation sont également mis en place sans oublier les efforts financiers consentis par les États pour moderniser les établissements scolaires et pour augmenter leur nombre. Malgré toute cette mobilisation, le système éducatif se heurte à des difficultés répétitives.

Au Sénégal, le budget de l'Éducation nationale s'élève à environ 352,5 milliards de francs CFA soit 6 % du Produit Intérieur Brut (PIB) et 35 % du budget de l'État. Le Sénégal se situe ainsi parmi les pays d'Afrique subsaharienne qui consacrent le plus de moyens à l'éducation. Par ailleurs, nous remarquons que 87 % soit 306,7 milliards de cette allocation sont consacrés au paiement des salaires, des indemnités des personnels enseignants et des agents des services administratifs. Le secteur de l'Éducation constitue donc le poste budgétaire le plus doté.

Rappelons qu'au lendemain de l'indépendance, l'école sénégalaise était publique et gratuite. L'État consacrait d'importants moyens pour former des cadres administratifs capables de remplacer les coopérants. 33 % du budget de l'État était consacré à l'éducation, à la formation et à la culture. La gratuité est très importante car elle a permis à de nombreux Sénégalais issus de familles modestes ou défavorisées de se former, de construire une ascension sociale et professionnelle et d'aider leurs proches. On peut cependant reprocher au système scolaire postcolonial le fait qu'il ne permet plus à la majorité des Sénégalais de bénéficier de cette ascension sociale.

Le système ne semble plus adapté aux réalités locales. Il est à bout de souffle. Il est confronté à une massification exponentielle. C'est pourquoi, il s'avère nécessaire de lui apporter les réformes nécessaires. Il s'agit en priorité d'augmenter le nombre d'établissements et de corriger les inégalités régionales.

Soumis au joug de l'ajustement structurel imposé par les Institutions de Bretton Woods, le régime d'Abdou Diouf, pendant 20 ans, n'a jamais mis l'accent sur la construction d'infrastructures scolaires alors que, pourtant, au cours de toutes ces années-là, le public scolaire et universitaire croissait. Aujourd'hui, il est inacceptable que dans certaines régions, des élèves apprennent dans des abris provisoires, des écoles sans pupitres, sans chaises ni fenêtres, ou encore des classes en plein air. Sur ce point, nous invitons l'État à faire en sorte que chaque région soit équipée d'établissements permettant aux jeunes de poursuivre leur scolarité sans quitter leurs familles. C'est le seul moyen d'encourager et d'accroître la scolarisation de tous et surtout des filles.

De plus, le rétablissement de la qualité dans le secteur public s'avère nécessaire. En effet, la qualité de l'Éducation s'est dégradée. En fin des cycles primaires et secondaires, la plupart des jeunes ne maîtrisent pas suffisamment les fondamentaux. Ils accumulent des difficultés concernant notamment la maîtrise de la langue d'enseignement, le français, mais aussi des fondamentaux en calcul. Quand les élèves de 3ème faisaient en moyenne 5 fautes dans une dictée en 1980, ils en font aujourd'hui le triple sur la même épreuve.

Le niveau des enseignants est inquiétant. Celui-ci s'est également dégradé. L'une des raisons est que depuis plusieurs décennies, pour des raisons d'économies budgétaires, l'État recrute des personnels moins qualifiés et sans formation continue. Ce fut le cas sous le régime d'Abdou Diouf, période durant laquelle plus de 1000 volontaires non fonctionnaires, payés au Salaire Minimum Interprofessionnel de Croissance (SMIC), furent recrutés sous le diktat des institutions internationales qui détiennent les leviers de financement du système éducatif.

A la tête du ministère depuis l'Alternance de 2012, l'actuel ministre de l'Éducation nationale, Serigne Mbaye Thiam, s'engage à faire face aux difficultés et lance le Programme d'Amélioration de la Qualité, de l'Equité et de la Transparence du secteur de l'Éducation et de la Formation (PAQUET-EF), un dispositif qui constitue le cadre d'opérationnalisation de la politique éducative pour la période 2012-2025. Il s'agit de consolider la bonne gouvernance du secteur, de renforcer les dispositifs de gestion financière et des ressources humaines (formations, accompagnement, évaluations, suivi de carrières et affectations).

Enfin, la politique éducative engagée sera efficace à condition de contrôler strictement le secteur privé devenu un marché lucratif qui attire de nombreux investisseurs cherchant uniquement à réaliser des profits. Les formations proposées par certains établissements privés coûtent cher et excluent les enfants des classes défavorisées dont les parents n'ont pas les moyens de payer les frais de scolarités nécessaires. A cela, s'ajoute le fait que la plupart des diplômés qu'ils forment ne parviennent pas à trouver une insertion professionnelle. Une fois le secteur réorganisé et repris en main par l'État, il s'agira de poursuivre les réformes de structure.

Depuis 1960, l'offre de formation s'articule autour des séries littéraires, économiques et juridiques et de quelques sections scientifiques. Les filières technologiques et professionnelles sont en déficit et souvent reléguées au second rang. Pourquoi ne pas les initier pour accompagner l'industrialisation annoncée par le gouvernement et pour répondre aux mutations profondes qui affectent davantage l'environnement économique et administratif du pays ?

Si nous prenons l'exemple du secteur commercial, il accueille davantage de structures formelles reconnues, organisées et équipées de systèmes de gestion commerciaux modernes. C'est le cas des Grandes Surfaces Spécialisées (GSS) ou des Grandes surfaces Alimentaires (GSA) qui pénètrent à grande vitesse le marché national. La modernisation des services publics de l'État et des collectivités locales fait que les missions, les activités et les tâches des agents changent et évoluent. Elles demandent de nouvelles compétences pour mieux satisfaire les besoins et les demandes des usagers de plus en plus exigeants.

Au regard de ces constatations, un besoin de personnels qualifiés existe au sein des entreprises et des organisations administratives du pays. C'est pourquoi, nous pensons utile la mise en place de formations dans les domaines de la vente, du commerce, de l'accueil, de la gestion et de l'administration.

La création de baccalauréats professionnels et de Brevets de Techniciens Supérieurs (BTS) spécialisés en Management des Unités Commerciales (MUC) ou à la Négociation Relation Clientèle (NRC) permettrait de former des jeunes qui seraient employables dans ces structures économiques et administratives. Un tel projet de réforme pourra démarrer à titre expérimental dans la zone de la région de Dakar où sont implantées la plupart des entreprises et des administrations. Il s'agit de proposer des formations et des périodes de formation en milieux professionnels (stages). Ce qui nécessite que les établissements soient à proximité des lieux de stages potentiels. Cette phase d'expérimentation pourra faire l'objet d'un suivi et d'une évaluation objective. S'il s'avère que les cursus permettent l'insertion des jeunes, l'État et les collectivités locales pourront les élargir progressivement dans toutes les régions en fonction des besoins locaux.

Rappelons que la réussite d'un tel projet inclut la formation en amont des personnels enseignants et administratifs qui doivent maîtriser les référentiels, les outils didactiques et tous les codes des filières technologiques et professionnels. Si toutes ces réformes se réalisent, les jeunes pourront espérer accéder à une éducation convenable en adéquation avec les exigences et les ambitions du développement national.

En effet, Joseph Ki-Zerbo nous rappelle que « *le système éducatif actuel n'est pas seulement en retard sur ceux des pays occidentaux ; il est surtout en contradiction avec les besoins vitaux, alimentaires et élémentaires du pays*[87] ». Sa transformation ne doit pas seulement consister à augmenter le nombre d'écoles en gardant les structures actuelles. Il s'agit de changer la direction des cursus car, sans cette approche systémique, structurelle et stratégique, il n'y aura rien à espérer de l'Éducation.

Les conclusions des assises nationales recommandent « *une refonte des programmes et la réforme des curriculas*[88] ». Les gouvernements successifs ont souvent renoncé à cette tâche primordiale. L'enseignement des valeurs, de l'histoire et des langues nationales doit également être intégré progressivement car, comme le rappelle Mamadou Sy Tounkara « *c'est en partie l'ignorance des enseignements de nos figures éminentes, le fait que leurs réalisations ne soient pas enseignées dans nos écoles et qu'elles ne figurent pas dans l'organisation officielle de notre société... qui font que nous ne parvenons toujours pas à apporter des solutions pratiques et concrètes aux problèmes auxquels nous sommes confrontés surtout en matière d'éducation*[89] ».

Il nous apparaît donc clairement que l'Éducation nationale sénégalaise dispose d'importants moyens qui ne sont pas toujours gérés et répartis de manière équitable et efficiente. L'une des raisons est que les personnes qui ont

---

[87] Joseph Ki-Zerbo, *À quand l'Afrique ?*, Éditions de l'Aube, 2004.

[88] *Assises Nationales Sénégal, An 50, Bilan et perspectives de refondation*, L'Harmattan, 2011.

[89] Mamadou Sy Tounkara, *Les sept piliers du Mouridisme*, Éditions Majalis, 2015.

en charge la conduite de sa refondation se limitent aux approches quantitatives et comptables. Les réformes proposées sont provisoires, non durables car elles sont conditionnées par des mandats électoraux. Le secteur de l'Éducation est également affecté par un manque de consensus entre l'État, les collectivités locales et les syndicats. Tous ces acteurs sont dans des revendications de positionnements politiques qui paralysent le bon fonctionnement des établissements et qui hypothèquent l'avenir des élèves.

Nous remarquons aussi que la fracture scolaire entre les régions n'est toujours pas réduite de manière significative, fracture entre les élèves résidant dans les villes comme Dakar et ceux qui habitent dans des endroits périphériques défavorisés que l'on ignore souvent. À ces faits, s'ajoute la nature des formations proposées. En effet, à 20 ans, la majorité des jeunes sénégalais sont dans une formation qui conduit au baccalauréat général alors qu'en parallèle, on note une absence totale de formations dominées par des apprentissages techniques proches du travail des entreprises. Au lieu d'élever le niveau global en assurant la réussite de tous les élèves, le système canalise et accompagne les meilleurs vers le haut et creuse ainsi davantage les inégalités scolaires.

Les voies professionnelles doivent devenir des cursus prioritaires de réussite. Les réformes et assises doivent aussi viser les enseignants tant dans leur formation, leur affectation et leur statut. Il s'agit de renforcer la formation continue qui doit être un moyen de pallier l'obsolescence des savoirs et de renforcer leur savoir-faire. Un enseignant doit être compétent et pouvoir s'adapter aux évolutions de l'emploi et des technologies. L'objectif n'est pas de le doter d'une qualification afin qu'il change de métier. Bien que ce soit une possibilité qui pourra lui être donnée. En revanche la priorité est de le former pour une meilleure prise en charge des élèves. Il s'agira de mettre en place, au sein de chaque académie, un Plan Académique de Formation (PAF) et de demander par exemple aux Inspecteurs de l'Éducation Nationale (IEN), chargés de l'évaluation pédagogique, d'inciter tous les personnels qui en ont besoin à s'inscrire à participer aux différentes formations proposées. Les thématiques de formation pourraient porter sur la gestion de classe, sur la conception, la préparation et l'animation des séances, sur l'évaluation, sur l'accompagnement des élèves en difficultés, sur la transversalité des enseignements devenue nécessaire, sur l'intégration des nouvelles technologies, et de nouveaux pôles de formation.

La gestion des ressources humaines enseignantes passe également par la maîtrise des recrutements, des évaluations et des affectations. En effet, elle doit permettre une meilleure adéquation entre les besoins de l'Éducation nationale et ses ressources. Il s'agit de combattre les sureffectifs, les sous-effectifs, les sous-qualifications et surqualifications. Très souvent, en même temps que certains établissements sont surdotés, d'autres manquent de personnels et d'infrastructures décentes. Il y a également le fait que certains personnels sont souvent vacataires ou contractuels, lorsqu'ils prennent leurs premières classes en main et manquent de formation en amont. Par contre, d'autres employés sont surdiplômés et choisissent l'enseignement pour obtenir un statut qui leur permet une stabilité professionnelle. En même temps, ils cumulent leur fonction d'enseignant avec d'autres missions dans le secteur privé. C'est pourquoi, il s'avère nécessaire de réviser les autorisations de cumul d'emplois.

Afin d'éviter ces pratiques, le ministère pourra revoir le contenu de la rémunération des enseignants. Il s'agit de valoriser le salaire de base des personnels et de mettre en place un plan de carrière au lieu de jouer sur les indemnités qui font toujours l'objet de polémiques du fait qu'elles ne sont jamais correctement budgétisées et payées dans les délais prévus. Afin de combattre les cumuls d'emplois, un contrôle strict doit être effectué par les corps d'inspection et les chefs d'établissement. L'objectif est de permettre aux personnels d'accomplir pleinement leurs missions pédagogiques.

Quant à l'affectation des enseignants, elle souffre de plusieurs problèmes. D'une part, nous avons l'État qui prône l'égalité et l'équité qui sont loin d'être atteintes. D'autre part, les enseignants, grâce aux modalités d'accumulation des points mettent tout en œuvre pour ne pas être affectés dans les Réseaux d'Éducation Prioritaire (REP) comme les banlieues, les zones reculées difficiles d'accès et où les conditions de vie ne sont pas toujours faciles. C'est pourquoi, nous recommandons à l'État et aux collectivités locales, de tout mettre en œuvre pour doter les REP d'infrastructures décentes. Il s'agit aussi d'inciter financièrement et/ou matériellement, grâce à l'attribution de primes, les personnels à avoir envie de faire carrière dans ces endroits délaissés. C'est ainsi que l'on mettra en place des équipes stables, une qualité d'enseignement pour tous les élèves de la République, quels que soient les origines et les lieux géographiques d'où ils sont issus.

S'agissant de l'évaluation, elle consiste à inspecter un enseignant, durant une heure, devant les élèves. Cette phase est suivie d'un entretien individuel et d'un rapport d'inspection. L'objectif est de vérifier la pédagogie, la relation enseignant/enseignés, l'implication de l'enseignant dans la conception, la réalisation et l'évaluation des projets d'établissement, etc. Elle constitue aussi un moyen d'identifier les besoins de l'évaluer et de l'aider à les combler. C'est une pratique essentielle qui doit être renforcée. Pour cela, l'État pourra engager davantage de personnels car il est constaté que nombreux sont les enseignants qui ne sont jamais ou pas souvent inspectés faute de personnels disponibles.

Il s'agit également de faire en sorte que les inspections ne deviennent des règlements de compte. Les enseignants ne doivent pas y voir une sanction mais un moyen de se remettre en question et de progresser. Il faut le préciser, les inspecteurs sont des professionnels expérimentés. Ce sont des anciens enseignants qui maîtrisent les compétences des disciplines dans lesquelles ils interviennent. L'essentiel est qu'ils pointent les points forts et les points faibles de chaque agent et proposent des dispositifs pour partager les expériences et pour corriger les difficultés.

Malgré les difficultés, l'école sénégalaise suscite un espoir, celui de son questionnement pour sa refondation. La mobilisation concerne bien évidemment l'État, les collectivités locales mais également les syndicats, les parents et les enseignants sur qui repose la mission en première ligne. Il est impératif que diminuent l'échec scolaire, les grèves, et que l'école, au lieu de continuer à creuser les inégalités sociales, favorise l'ascension de la majorité des Sénégalais.

C'est ce que je préconisais en soutenant que *« le rôle de l'enseignant est déterminant pour rendre la mission possible. En effet, en devenant enseignant, on intègre une profession qui ne s'improvise pas. Elle se construit en amont et tout au long de la carrière. On rentre dans un service public qui porte une histoire, des valeurs et l'enseignant est chargé par l'État d'accomplir des tâches de façon éthique et responsable*[90] ».

Depuis plusieurs années, le métier d'enseignant connaît une évolution considérable qui nécessite des compétences, des attitudes particulières et une mise en œuvre spécifique. En effet, l'enseignant doit désormais apprendre à travailler en transversalité, avec les familles, les collectivités locales et les entreprises. Cette approche socio-pédagogique permet de mieux connaître l'environnement social de l'élève et d'apporter les réponses adéquates. Il s'agit de mettre l'accent sur les évaluations formatives, de s'appuyer sur les acquis de l'élève, sur ses talents et de remédier à ses lacunes. L'essentiel consiste à donner à l'apprenant les ressources nécessaires pour progresser. La note sanction n'est pas valorisante. Un jeune peut être brillant et rater une évaluation parce qu'il n'a pas bien compris les problématiques posées. Cette nouvelle approche pédagogique pourra être renforcée par l'accompagnement personnalisé qui constitue un outil de diagnostic et de remédiation.

En somme, il est possible d'enseigner et de mieux faire réussir les élèves si l'on accepte de changer de paradigme

---

[90] Momar-Sokhna Diop, *Enseigner en banlieue, une mission possible*, Lyon, Chronique Sociale, 2015.

en faisant plus attention à l'environnement de l'élève. C'est ce qui nous semble nécessaire pour que la refondation du système éducatif sénégalais soit possible.

B) Consolider le système de santé

Au lendemain des indépendances, le système de santé du Sénégal était géré par l'État. Le secteur public était dominant et permettait à la majorité des populations d'accéder aux soins de base, de prévention grâce aux campagnes de vaccination et de dépistage qu'organisait régulièrement le ministère, de traitements des maladies. Les infrastructures des années 1960 étaient à la hauteur de la demande car elles étaient bien équipées et tenues par du personnel correctement formé. Ce fut le cas d'hôpitaux comme Fann, Aristide Le Dantec et l'hôpital Principal. Ce sont des Centres Hospitaliers Universitaires (CHU) avec des pôles de recherche et de formation des personnels de la santé. Le système a commencé à connaître des difficultés dans les années 1980, période qui coïncidait avec la mise en place des plans d'ajustement structurel. A cela s'ajoute l'accroissement de la demande. Celle-ci est largement supérieure à l'offre. La conséquence est la dégradation des soins et le manque d'infrastructures. Cette situation a ouvert la voie au secteur privé qui se développe.

En effet, un peu partout au Sénégal, on assiste à une prolifération de cliniques et de centres de santé privés. Un système à deux vitesses se met alors en place. Les hôpitaux d'État sont délaissés et affectés par une dégradation des règles d'hygiène et de sécurité. Les personnels de la santé se plaignent du manque de moyens.

Quant aux personnes malades, leur accès aux soins reste cher et souvent ils ne bénéficient d'aucune prise en charge significative.

Dans les zones les plus enclavées, le manque d'infrastructures et de personnels qualifiés complique les premières prises en charge des patients. Les malades ont du mal à se faire transporter vers les centres de santé. Les seuls moyens de transport sont les charrettes. C'est pourquoi, en cas de complication beaucoup d'entre eux décèdent avant même d'être consultés. Les femmes et les enfants en sont les premières victimes.

La hausse des tarifs oblige beaucoup de sénégalais à renoncer aux soins et à recourir aux médicaments traditionnels ou aux produits contrefaits de trottoirs dangereux pour la santé. Depuis l'alternance de 2000, le nombre de postes de santé a augmenté, mais la plupart des structures manquent de moyens, de personnels formés et stables.

L'actuel régime proclame doter le secteur de la santé d'un montant de 124,6 milliards de FCFA. Le Sénégal affiche ainsi sa volonté de relever les plateaux techniques des hôpitaux et centres de santé. Il souhaite également réaliser *Dakar Médical City*, un projet qui ferait de Dakar le centre de soins de référence de la sous-région à travers notamment la mise à niveau international de l'Hôpital Principal de Dakar et la création d'une unité de production de vaccins contre la fièvre jaune. Si elle est réelle et motivée, cette volonté politique doit être encouragée. Elle facilitera l'accès aux soins à de nombreux Sénégalais.

En ce qui concerne le secteur privé, l'État devra afficher plus de vigilance et de fermeté. Il faut encourager les initiatives privées. En revanche, leur réglementation et leur contrôle s'avèrent nécessaires afin d'éviter l'instauration d'un système à plusieurs vitesses. La santé est un domaine d'utilité collective. Pour la préserver, l'État doit combattre toutes les initiatives illégales et celles motivées par la recherche systématique de profits. Il doit également revoir la carte sanitaire du pays afin de corriger les inégalités entre les régions. Il s'agit de réorganiser l'ensemble de la pyramide des soins à l'échelle nationale, de rééquilibrer la distribution du personnel, des infrastructures, des équipements et des consommables. Il est également nécessaire de mettre en place des dispositifs de formation, de renforcement des capacités des personnels et des institutions.

De telles mesures inciteraient les privilégiés et leurs familles à renoncer d'aller se soigner dans des pays étrangers, situation déplorable qui prive les établissements nationaux de recettes. C'est également un moyen de contrôler les filières de la médecine traditionnelle et les structures informelles, de dissuader les charlatans et de combattre la vente de médicaments contrefaits qui posent de plus en plus un problème de santé publique.

Enfin, pour combattre l'inflation des prix des médicaments, une politique pharmaceutique pourrait se mettre en place. Cette politique devra permettre de fabriquer sur place les médicaments de base qui restent très coûteux pour la majorité des populations. Le générique est à encourager. Ces produits pourront être fabriqués grâce à un partenariat avec les laboratoires pharmaceutiques pour qui l'Afrique constitue un marché en développement.

Nos conclusions

Jamais l'émergence du Sénégal n'a suscité autant de débats au niveau des spécialistes et des politiciens. Certains s'inquiètent de la crédibilité du Plan Sénégal Émergent (PSE) lancé par la coalition Benno Bokk Yaakar au pouvoir depuis 2012, tandis que d'autres soulignent l'impérieuse nécessité de soutenir ce plan et d'en faire un outil pour commencer à sortir le pays du sous-développement. Afin de répondre à ces différentes interrogations, il nous semble intéressant de placer le sujet dans le contexte politique actuel. En effet, le défi majeur auquel le Sénégal et la plupart des États africains se confrontent depuis leur indépendance et qui compromet leur émergence est celui de la mise en place d'une gouvernance d'État démocratique et travailleuse.

Axelle Kabou attire notre attention sur le fait que « *le sous-développement de l'Afrique n'est pas le produit du hasard. C'est parce qu'aucun pays africain n'a, à ce jour, réussi à élaborer un projet de société clairement compris par ses populations au sens large. Quel que soit le domaine considéré, on note en Afrique, la prédominance de combines, d'arrangements éphémères, de ruses, de complaisances, de compromissions, sans aucune possibilité de progrès*[91] ». L'Afrique est une sorte de cul-de-sac, de voie de garage où aucun espoir de mobilité ascendante n'est permis. Tout paraît y être voué à la dégradation et à l'échec. Pour nous, il s'agit bien évidemment de changer les choix politiques hérités de

[91]Axelle Kabou, *Et si l'Afrique refusait le développement* ?, Paris, Éditions L'Harmattan, 1991.

l'impérialisme et de combattre les personnes qui continuent de les animer.

Le Sénégal a célébré plusieurs anniversaires de sa dite indépendance. Malgré les différentes alternances politiques des années 2000 et 2012, le pays continue d'être confronté à un problème de gouvernance transparente et efficiente. Le pays vit une deuxième alternance politique à laquelle personne ne s'attendait. Il s'agit de l'élection surprise, en 2012, du Président Macky Sall, ex-Premier ministre et collaborateur incontesté d'Abdoulaye Wade, président sortant. Avec ses alliés, il dit incarner une rupture et nous souhaitons qu'il réussisse pour le pays. Seulement les Sénégalais s'interrogent sur la volonté réelle et sur la capacité de la coalition Benno Bokk Yaakar à sortir le pays des difficultés auxquelles il est confronté. Des personnalités qui composent cette coalition sont de plus en plus contestées par leur propre camp et critiquées par l'opinion populaire, ce qui bien évidemment crée un climat très désagréable. Aussi, à cause des dérives du régime de l'alternance de 2000 et du développement de la corruption, l'image du pays est profondément ternie.

Le Sénégal est, aujourd'hui, classé à la 66ème place des pays les plus affectés par la corruption. C'est une situation que nous déplorons et qui pourrait démotiver les investisseurs actuels et potentiels. A cela, s'ajoute le fait que le Sénégal continue d'être un pays dépendant des importations de produits finis en provenance des pays industrialisés. Le budget de l'État est également assujetti à la finance internationale.

Notre propos ne consiste pas à critiquer pour critiquer. Il s'agit, pour nous, en tant que citoyens engagés, de dénoncer les responsables de cette situation et de donner à nos concitoyens les informations nécessaires à leur prise de conscience et à leur formation citoyenne. Tant que les élites gouvernementales n'apprendront pas à respecter et à protéger les intérêts du pays comme le font la plupart des citoyens des Nations dites développées, aucune émergence ne sera envisageable.

Le Sénégal est dans un état de dégradation qui nécessite beaucoup de sacrifices, du courage, un langage de vérité et de la détermination pour sa reconstruction. Ces sacrifices interpellent particulièrement les dirigeants qui n'adoptent pas, tous, le comportement que les citoyens attendent d'eux. Nombreux sont les responsables politiques qui n'ont pour objectifs que d'accumuler des fortunes, de les gaspiller ou de les investir dans des secteurs improductifs qui ne créent ni richesses ni emplois pour les plus nécessiteux. Le champ politique est davantage occupé par ces personnes dont la seule préoccupation est de s'enrichir des deniers publics. Nous l'avons suffisamment évoqué tout au long du diagnostic que nous avons établi.

Ousmane Sonko, acteur de la fonction publique, conforte nos propos lorsqu'il témoigne que « *deux catégories de sénégalais sont symboles du mal de notre gouvernance publique* : *l'écrasante majorité des hommes politiques, et une partie de l'élite administrative. La connivence entre ces deux composantes de l'État, autour d'intérêts centrés sur des préoccupations d'enrichissement personnel, a donné jour, au Sénégal, à un puissant système de conquête et d'exercice du pouvoir ; le tout au mépris total des concepts d'intérêt général, d'allégement des souffrances du peuple et de respect des règles de droit établies*[92] ».

Pourtant notre pays possède des sources d'inspirations exemplaires, comme par exemple : l'intelligence, le courage et le patriotisme de Cheikh Anta Diop, la vision du développement de Mamadou Dia pour ne citer que ceux-là. Tous ces personnages avaient un idéal pour le pays. Ils avaient une conception de l'exercice du pouvoir qui favorisait la promotion et le bien-être de la majorité voire de tous. Certains comme Cheikh Anta Diop, auraient pu se taire et réaliser une brillante carrière internationale, mais ils ont choisi de se mettre au service de leurs concitoyens pour les aider à vivre ensemble convenablement. Ces référents politiques exemplaires ont su se dégager de leurs ambitions personnelles pour incarner pleinement la destinée de leur pays.

Nous pouvons multiplier les exemples en citant encore Kwamé Nkrumah, ancien président de la République du Ghana, mort en 1972. Cet homme a eu l'idée lumineuse de l'Unité africaine. Selon lui, « *l'unification est la seule voie permettant d'assurer l'indépendance et un véritable développement de l'Afrique, dans l'intérêt de tous les peuples qui la composent*[93] ». Le combat de Kwamé Nkrumah consistait à œuvrer pour que les ressources de la nation servent les intérêts des populations. Il s'agit d'un militant qui a consacré toute son énergie à conquérir la souveraineté nationale, à unifier son pays et à reconstruire son développement. Les réformes qu'il avait engagées

---

[92] Ousmane Sonko, *Pétrole et Gaz au Sénégal, Chronique d'une spoliation*, Fauves, 2017.

[93] Kwamé Nkrumah, *l'Afrique doit s'unir*, Paris, Présence africaine, 1994.

avaient amené rapidement le Ghana vers l'indépendance économique. L'histoire semble lui donner raison car il est prouvé que l'unité est indispensable si l'Afrique veut aller vers la création de sociétés modernes qui donneront aux populations la possibilité de vivre de manière satisfaisante. C'est le seul moyen de sortir les millions de nos concitoyens de la pauvreté, de l'ignorance, du désordre laissé par la colonisation et entretenu par les régimes actuels.

Des militants comme Thomas Sankara ont également apporté leur contribution. En effet, de 1983 à 1987, période durant laquelle il a dirigé le gouvernement révolutionnaire populaire du Burkina Faso, Thomas Sankara a exprimé la détermination et la dignité de la population d'un des pays les plus pauvres de l'Afrique, ravagée par l'impérialisme et la mal gouvernance. En effet, le Burkina avait et a toujours le taux de mortalité infantile le plus élevé au monde, un taux d'analphabétisme proche de 98 % dans les campagnes et une espérance de vie d'une quarantaine d'années.

Thomas Sankara savait que de telles conditions étaient le produit de choix politiques imposés. C'est pour cette raison qu'il a très vite mobilisé tous les citoyens, toutes catégories socioprofessionnelles, pour mettre en application des mesures économiques et sociales de grande ampleur. Il s'agissait de développer le pays en mobilisant prioritairement les ressources humaines et naturelles endogènes disponibles.

L'ouvrage « *Thomas Sankara parle*[94] » rappelle les phases déterminantes de son action politique. En effet, Thomas

---

[94] Thomas Sankara parle, *La révolution au Burkina Faso de 1983 à 1987*, Éditions Pathfinder, 2007.

Sankara avait réussi à mobiliser les paysans, les travailleurs, les artisans, les femmes, les jeunes et les moins jeunes pour effectuer des campagnes d'alphabétisation, creuser des puits, planter des arbres et construire des logements sociaux. Avec un soutien populaire massif, il avait nationalisé la terre pour garantir aux travailleurs ruraux qui représentaient 90 % de la population l'accès, comme agriculteurs productifs, aux fruits de leur travail. Il avait augmenté le prix d'achat des principales cultures vivrières, lancé des projets d'irrigation, de plantation d'arbres pour accroître la productivité et stopper l'avancée du désert dans la région du Sahel au nord du pays. Il avait organisé des campagnes de vaccination et avait rendu accessibles les services de santé à des millions de personnes. C'est ainsi qu'en 1985, la mortalité infantile était tombée à 145 pour 1000 naissances vivantes comparativement à 208 au début de la décennie.

Sur le plan éducatif, les campagnes d'alphabétisation lancées dans les langues locales avaient permis à la majorité des populations et surtout aux femmes de s'organiser et de lutter pour leur émancipation. Le financement des travaux publics de construction de routes, d'écoles et la mise en place des tribunaux populaires pour juger les anciens dirigeants et hauts fonctionnaires accusés de corruption et de concussion avaient donné des résultats satisfaisants.

Sur le plan de la politique étrangère, Thomas Sankara avait participé à la lutte du peuple du Sahara occidental contre l'occupation de son pays par le Maroc et avait contribué au succès d'un combat pour faire admettre ses représentants au sein de l'Organisation de l'Unité africaine

(OUA). Il organisa aussi activement le soutien en Afrique et ailleurs à l'éradication du régime d'apartheid en Afrique du Sud et à celui des Palestiniens pour rétablir leur patrie.

Sa mobilisation pour l'annulation de la dette imposée par les institutions internationales était déterminante. Selon lui, les dettes ont été acceptées sans l'avis des peuples. Elles absorbent toutes les ressources des pays endettés et ne permettent toujours pas de les développer. Les intérêts et les tranches d'amortissement sont élevés et profitent aux créanciers étrangers. Le poids des dettes pèse sur les pauvres et sur eux seuls.

Thomas Sankara était un souverainiste exemplaire. Toute sa politique était fondée sur la théorie du développement autocentré, c'est-à-dire à partir des ressources endogènes du pays. Il avait mis en place les jalons d'un développement qui permettaient à son pays de s'autosuffire dans les domaines de l'alimentation, de l'habitat, de la santé et de l'éducation. Son attitude était conforme à son souci du bien public. En effet, il imposa à tous les ministres le même train de vie modeste qu'il s'appliquait à lui-même.

Sous Thomas Sankara, les dépenses de fonctionnement de l'État étaient maîtrisées et avaient significativement chuté grâce à la lutte contre la corruption et contre le gaspillage. Tout franc dépensé était justifié. Des sanctions exemplaires étaient infligées à toute personne qui violait les règles. C'est ainsi qu'il avait pu réaliser d'importantes économies budgétaires et réaliser les infrastructures du pays. Thomas Sankara était devenu un patriote qui dérangeait l'ordre établi. C'est la raison pour laquelle, comme le démontre clairement François-Xavier Verschave, « *les barons de la Françafrique et de la*

Francophonie ont organisé et planifié, en 1987, son élimination physique[95] ».

Que dire alors de Patrice Lumumba ? En juin 1960, ce jeune nationaliste autodidacte et idéaliste prend le pouvoir au Congo devenu indépendant. Il s'engage à préparer l'élite qui aura en charge la gestion des affaires publiques. Il prône la démocratie, exige le respect des Droits de l'Homme, des populations et organise la sortie du néocolonialisme par la non-violence. Militant convaincu, il avait consacré toute sa vie à la lutte pour l'autonomie de son pays. Ce qui comptait pour cet homme, c'était le combat contre l'injustice et les inégalités sociales. Convaincu que seule l'indépendance pouvait garantir de manière durable la paix, la sécurité et la prospérité, il a préféré la lutte plutôt que de vivre dans la soumission et le mépris.

Ce qu'il faut retenir des combats de Kwamé Nkrumah, de Patrice Lumumba, de Mamadou Dia et bien sûr de Thomas Sankara c'est bien sûr leur exemplarité. Indéniablement, ils ont influencé l'histoire politique de l'Afrique et contribué, à leur manière, à l'émancipation des peuples, même si l'Afrique continue d'être exploitée, pillée et mal gouvernée. Le chemin tracé par ces partisans de l'utilité collective et solidaire sera certes très long à

---

[95] François Xavier Verschave, *La Françafrique, Le plus grand scandale de la République*, Stock 1999. Comme le définit François Xavier Verschave, la Françafrique désigne une nébuleuse d'acteurs économiques, politiques et militaires en France et en Afrique, organisée en réseaux et lobbies, et polarisée sur l'accaparement de deux rentes : les matières premières et l'aide publique au développement. La logique de cette ponction est d'interdire l'initiative hors du cercle des initiés. Ce cercle est hostile à la démocratie et à toute forme d'indépendance de l'Afrique.

parfaire mais il se fera en marchant ensemble. Si nous voulons aller vite, marchons seuls. Par contre, si nous voulons aller loin, mobilisons nos ressources avec toutes les personnes soucieuses du développement de notre pays et elles sont nombreuses au Sénégal et dans la diaspora.

Par conséquent, comme le préconise Nelson Mandela[96], ce combat exige que les Sénégalais mesurent en permanence, le chemin qui a été parcouru afin d'estimer celui qui reste à parfaire jusqu'à la libération totale du pays de la corruption, du gaspillage et de tous les parasites qui se sont installés depuis maintenant un demi-siècle. C'est ainsi qu'ils construiront une nation de justice, de solidarité, de paix, de respect mutuels entre les hommes et les femmes, entre les différentes ethnies et confréries religieuses qui composent la société sénégalaise.

Ceci n'est pas une mince affaire. Nous en avons conscience. Néanmoins, les perspectives ne dépendront que de la capacité des Sénégalais à prendre leur destin en main. Le Sénégal a la chance d'être un pays stable, de paix et d'avoir en son sein des personnalités qui l'incarnent constamment. Il faut qu'il transforme cette image et cette réalité en valeur ajoutée. Ce sont ces idées que nous avons tenté de développer tout au long de cette recherche et que nous souhaitons partager avec l'ensemble de nos lecteurs militants actuels ou potentiels.

Malgré le désespoir qu'exprime une grande partie de nos concitoyens, la volonté de sortir le pays de ce désastre se manifeste sur le territoire national et au niveau de la diaspora. Les Assises nationales témoignent de cette volonté de changement. Elles ont permis d'établir un diagnostic clair et de formuler des recommandations

---

[96] Nelson Mandela, *Un long chemin vers la liberté*, Éd Fayard, 1995.

utiles. De cet état des lieux, il ressort que le Sénégal dispose de plusieurs atouts mais également de quelques faiblesses surtout dans le domaine de la gouvernance.

Dans tous les cas, nous nous engageons sans retenue à aider notre pays à élaborer, à planifier, à réaliser, à évaluer et à corriger l'action politique actuelle qui n'est pas bonne. Nous nous inscrivons également dans le renforcement de la démocratie du pays, de la construction et de la consolidation du projet de refondation du Sénégal en donnant en toute autonomie notre expertise sur toutes les questions d'ordre éducatif, économique et culturel et à les diffuser auprès de toutes les personnes soucieuses du développement des pays africains.

Le sous-développement du pays n'est ni une fatalité, ni un problème de pauvreté ou de compétences. Il résulte de l'inorganisation, du manque de vision et de courage de certaines élites dirigeantes. Cette situation doit changer. Elle changera nécessairement avec le temps et l'action car il n'y a aucun pays prédestiné au sous-développement. Nous partageons cette pensée parce que des Nations émergentes ou considérées comme développées ont connu dans le passé des situations moins enviables. C'est ce que constate Sylvie Brunel qui rajoute que « *le développement est possible. Il est une aspiration universelle et une impérieuse nécessité pour l'avenir des sociétés humaines*[97] ». C'est une aspiration sénégalaise. Toutefois, il n'y a pas de recettes miracles, de modèles de développement qu'il suffit d'appliquer pour que, par exemple, le Sénégal quitte automatiquement le sous-développement. Un pays peut se développer sans aucun

---

[97] Sylvie Brunel, *Le sous-développement*, Presses Universitaire de France, 1996.

avantage apparent au départ. C'est le cas de la Corée du Sud. Il ne faut pas oublier que l'Asie qui était considérée comme une région difficile à développer dans les années 1960 est aujourd'hui au cœur des grandes donnes de l'économie mondiale.

Ce constat nous fait dire que malgré la situation difficile dans laquelle il se trouve actuellement, le Sénégal garde donc toutes les chances d'aller mieux. Comme nous l'avons démontré sur les pages précédentes, ses handicaps sont identifiés. Le Sénégal n'est pas un pays pauvre. Il est au contraire un pays d'avenir. Il est stable et dispose de ressources sur lesquelles ses populations pourraient s'appuyer pour construire un projet de société viable. Nous sommes convaincus que c'est ce pays qui jouera un rôle primordial dans le décollage de la sous-région. En revanche, pour atteindre ces objectifs, la marche sera difficile car le chemin est épineux et affecté de pièges. La question fondamentale est de voir comment vont se mobiliser les patriotes pour piloter la nation ?

Bibliographie

Assises nationales, Sénégal, An 50, Bilan et perspectives de refondation, Paris, L'Harmattan, 2011.

Bayart Jean François, *L'État en Afrique, la politique du ventre*, Fayard, 1989.

Boudjo Victor, *Esclavage, 150 après*, Institut de monde noir, 1992.

Braud Philippe, *Science politique, l'État,* Seuil, 1997.

Brunel Sylvie, *Le Sous–développement*, PUF, 1996.

Cissé Oumar, *L'argent des déchets, l'économie informelle à Dakar*, Karthala et Crepos, 2007.

Colin Roland, *Sénégal notre pirogue*, Présence Africaine, 2007.

Coulibaly Abdou Latif :

- ✓ *Wade, un opposant au pouvoir, l'Alternance piégée*, Éditions Sentinelles, 2003
- ✓ *Une démocratie prise en otage par ses élites,* Paris, L'Harmattan, 2006.
- ✓ *Contes et mécomptes de l'ONOCI*, Paris, L'Harmattan, 2009
- ✓ *La République abimée, lettre à Abdoulaye Wade Yinghou,* Éditions Sentinelles, 2011.
- ✓ *Loterie nationale sénégalaise : chronique d'un pillage organisé*, Paris, L'Harmattan, 2007.
- ✓ *Sénégal, Affaire Maître Sèye, un meurtre sur commande, Paris,* L'Harmattan, 2005.

Dalberto Séverine Awenengo, *Sénégal, les nouvelles formes de mobilisation de la jeunesse*, recherche CNRS, Octobre 2011.

Dia Mamadou
- ✓ *Echec de l'alternance au Sénégal et crise du monde libéral*, Paris, L'Harmattan, 2005.
- ✓ *Afrique, le prix de la liberté*, L'Harmattan, 2001

Diallo Diop, *RND, Le combat politique de Cheikh Anta Diop*, Presses de l'imprimerie du Midi, 1999.

Diop Cheikh Anta, *Les fondements économiques et culturels d'un État fédéral d'Afrique noire*, Présence Africaine, 1960.

Diop Momar Coumba, *Le Sénégal sous Abdoulaye Wade, le Sopi à l'épreuve du pouvoir*, Karthala, 2013.

Diop Momar-Sokhna
- ✓ *Quelles alternatives pour l'Afrique ?*, Paris, L'Harmattan, 2009.
- ✓ *Gestion des ressources humaines dans les organisations,* Paris, L'Harmattan, 2004.
- ✓ *Enseigner en banlieue, une mission possible*, Lyon, Chronique sociale, 2015.

Dumont René, *L'Afrique noire est mal partie*, Seuil, 1962.

Essomba Joseph Marie, *Cheikh Anta Diop et son dernier message à l'Afrique et au monde*, Éditions Ama/COE, Janvier, 1986.

Gassama Makhily, *50 ans après, Quelle indépendance pour l'Afrique ?*, Éditions Philippe Rey, 2010.

Hamouda Hakim Ben, *l'Afrique, l'OMC et le développement*, Maisonneuve et Larose, 2005.

Harvey David, *Brève histoire du néolibéralisme*, Les Prairies ordinaires, 2014.

Hessel Stéphane, *Indignez-vous !*, Indigène Éditions, 2012.

Ndiaye Boubacar Joseph, *Il fut un jour à Gorée, l'esclavage raconté à nos enfants*, Michel Lafon, 2006.

Kabou Axelle, *Et si l'Afrique refusait le développement ?*, Paris, L'Harmattan, 1991.

KASSE Moustapha

- ✓ *Du sous-développement au socialisme*, Éd Silex 1988.
- ✓ *Économie du développement, pensée économique, développement et sous-développement*, Éditions Silex/Nouvelles du sud, 2009.
- ✓ *L'industrialisation africaine est possible, quel modèle pour le Sénégal,* Paris, L'Harmattan, 2013.

Ki-Zerbo Joseph, *A quand l'Afrique ?*, Éd de l'Aube, 2003.

Mandela Nelson, *Un long chemin vers la liberté*, Fayard, 1995.

Mbacké Abdoul Aziz, *Khidma, la vision politique de Cheikh Ahmadou Bamba*, Majalis, 2010.

Mendy Toumany, *L'immigration clandestine, mythes, mystères et réalités*, Paris, L'Harmattan, 2009.

Nkrumah Kwamé, *l'Afrique doit s'unir*, Présence africaine, 1994.

Sankara Thomas parle, *La révolution au Burkina Faso 1983-1987*, Éditions Pathfinder, 2007.

Séne Ibrahima, *La diplomatie sénégalaise de Léopold Sédar Senghor à Abdoulaye Wade*, L'Harmattan 2013.

Sonko Ousmane, *Pétrole et Gaz au Sénégal, Chronique d'une spoliation*, Éditions Fauves, 2017.

Topor Hélène-D'Almeida, *Naissance des États Africains*, Éditions Casterman, 1996.

Tounkara Mamadou Sy, *Les sept piliers du Mouridisme*, Majalis, 2015

Verschave François Xavier, *La Françafrique*, Stock 1999.

Wade Adama, *En finir avec le mythe de Tarzan*, L'Harmattan, 2016.
Ziegler Jean, *L'empire de la honte*, Éditions Fayard, 2005.

Table des matières

SÉNÉGAL
AUX ÉDITIONS L'HARMATTAN

Dernières parutions

LES ÉTINCELLES D'UN AMOUR INTERDIT
Roman
Joséphine Loppy
II est de ces histoires qui nous marquent à jamais ? C'est le cas avec Lizzie Anne qui a vécu, à un moment donné, une des périodes les plus sombres de sa vie, chez ses parents, qui l'ont blessée, détruite, humiliée, à cause d'un homme. Le seul qu'elle a vraiment aimé dans sa vie. Mais avec le temps et un peu de recul, cette femme s'est reconstruite petit à petit, tout en essayant de se libérer du poids du passé, par le pardon qui est la seule arme pour une paix intérieure et sociale durable.
(Coll. Harmattan Sénégal, 96 p., 12 euros)
ISBN : 978-2-343-15545-6, EAN EBOOK : 9782140105814

POÉTIQUE DU CONTE GAÉLIQUE ET WOLOF
Dix essais sur l'imaginaire afro-celtique
Alioune Badara Kandji
Les contes analysés dans le présent recueil montrent que l'imaginaire celtique et l'imaginaire wolof épousent les mêmes contours et sont adossés aux mêmes images : le voyage, la forêt, la magie, les tabous, la métamorphose, le merveilleux épique, héroïque, légendaire, etc. Au regard de ces rapprochements, à notre connaissance, inédits, de ces deux civilisations de l'oralité, l'ouvrage jette les fondements de ce qui pourrait constituer une série de textes qui exploreraient des pans entiers de ce domaine interculturel à la fois fécond et fascinant.
(190 p., 20 euros)
ISBN : 978-2-343-15937-9, EAN EBOOK : 9782140105289

DES DEUX CÔTÉS DE L'ATLANTIQUE : NATAL-DAKAR DANS UNE PERSPECTIVE COMPARATIVE
Rubenilson Brazao Teixeira
Avec la participation d'Edja Trigueiro ; Préface de Laurent Vidal
Dans le cadre de l'"expansion européenne" le long de l'Atlantique Sud, à partir du XVIe siècle, les côtes continentale de l'Amérique du Sud et de l'Afrique ont commencé à établir de nombreuses relations sociales, économiques, culturelles et politiques. Le présent ouvrage retrace l'histoire de deux de ces villes, Natal (Brésil) et Dakar (Sénégal), et met en évidence l'émergence d'une "communauté Atlantique" impliquant une multitude d'acteurs sociaux et au moins trois continents : l'Afrique, l'Amérique du Sud et l'Europe.
(Coll. Inter-National, 420 p., 39 euros)
ISBN : 978-2-343-16143-3, EAN EBOOK : 9782140104688

CULTURE SOCIALE DE L'AUMÔNE ET PHÉNOMÈNE DES ENFANTS DES RUES AU SÉNÉGAL

Pascal Sène

Préface de Jean-Claude Angoula

Les enfants des rues dont il est question dans ce livre sont ceux qui vont à la recherche de l'aumône. Ils en reçoivent, mais n'en bénéficient pas ; ils n'ont pas, ou rarement, la possibilité de quitter la rue, et demeurent dépendants de leurs « maîtres » qui les envoient. En clarifiant comment l'aumône exerce une capacité d'action dans le maintien des enfants dans les rues des grandes agglomérations sénégalaises, l'auteur contribue à la compréhension d'un ensemble complexe de facteurs internes empêchant les pays émergents de surmonter leurs obstacles.

(Coll. Études africaines, 298 p., 31 euros)

ISBN : 978-2-343-14476-4, EAN EBOOK : 9782140105012

CONGRÉGATIONS CATHOLIQUES ET SANTÉ AU SÉNÉGAL (1819-2018)

Madeleine Sène

Au Sénégal, depuis près de deux siècles, des congrégations catholiques oeuvrent dans des dispensaires ruraux. Ce livre, première synthèse sur le sujet, retrace l'histoire depuis les premiers dispensaires et met en pleine lumière une réalité méconnue. Les enquêtes de terrain quantitatives et qualitatives originales réalisées par l'auteure apportent des informations détaillées sur les caractéristiques sociodémographiques des villages étudiés et les besoins de leurs populations en matière de santé. Elle analyse l'éventail des interventions : lutte contre les maladies endémiques ; éducation sanitaire ; promotion de bonnes pratiques nutritionnelles ; mesures d'assainissement de base ; consultations de médecine générale et de protection maternelle et infantile ; activités des laboratoires d'analyse.

(Coll. Populations, 236 p., 24 euros)

ISBN : 978-2-343-16013-9, EAN EBOOK : 9782140105081

SABOR

Roman

Abdou Diop

Ce roman raconte la saga d'une famille dont l'histoire se confond avec celle du mystérieux royaume de Sabor, ce vaste territoire perdu dans le continent noir et qui vivait paisiblement selon les règles ancestrales jusqu'au jour où l'homme blanc y posa les pieds. À travers ce récit, l'auteur promène son miroir sur plusieurs générations de Saboriens et nous fait découvrir cette contrée depuis sa fondation jusqu'à son indépendance, en passant par l'arrivée des Blancs et le début de la colonisation.

(Coll. Harmattan Sénégal, 186 p., 18 euros)

ISBN : 978-2-343-15867-9, EAN EBOOK : 9782140105302

A LA RECHERCHE DU CHIFFRE 1

"Carnet de voyage"

Mansour Kébé

Préface de Moussa Mbaye

À la recherche du chiffre 1 est un carnet de voyage qui nous entraine dans les diverses pistes que l'auteur a empruntées à la recherche de sa propre identité. Il est le produit de questionnements multiples, d'interrogations et de fouilles dans les registres de la religion, la philosophie, l'art et la science. Le chiffre 1 est un ustensile de la pensée pour permettre à l'homme de se définir dans l'univers, de comprendre la réalité et quantifier l'éphémère.

(Coll. Harmattan Sénégal, 136 p., 15 euros)

ISBN : 978-2-343-15573-9, EAN EBOOK : 9782140105319

LE CORRIDOR DU RÊVE

Poésie

Amadou Ndiaye

« Le corridor du rêve est un recueil aux thèmes variés qui nous entraîne dans les méandres de la pensée profonde du poète, qui traduit par des vers son paysage extérieur et intérieur. L'auteur sait exactement où nous mener et l'émotion est bien retransmise. L'autre tour de force c'est que les textes sont très visuels, très vivants. Le lecteur n'est pas un simple spectateur, il vit, ressent, voit tout ce que dit, fait et pense le poète. Tout simplement une lecture vivante d'une douceur agréable. » Mame Ngoné Faye, Critique littéraire

(Coll. Harmattan Sénégal, 60 p., 10 euros)

ISBN : 978-2-343-15670-5, EAN EBOOK : 9782140104312

PASTORALISME, RÉSILIENCE ET DÉVELOPPEMENT

Des forages à la Grande muraille verte

Amadou Ndiaye

Préface du Professeur Cheikh Ly

Amadou Ndiaye analyse les interactions entre, d'une part, les pratiques pastorales locales (appropriation des constellations, du climat, de l'hydrologie et de la végétation, art vétérinaire, coutumes foncières, habitat, sélection animale...) et d'autre part, les démarches (en régie, communautaires, participatives) et actions (forages, santé et production animales, classement forestier et reboisement, organisations d'éleveurs, jardins de femmes etc) des projets de développement des années 1950 à nos jours.

(Coll. Harmattan Sénégal, 256 p., 29 euros)

ISBN : 978-2-343-15253-0, EAN EBOOK : 9782140103292

LA PROTECTION DES INFRASTRUCTURES, RESSOURCES ET ACTIVITÉS D'IMPORTANCE VITALE

Législation et pratiques au Sénégal

Thiaca Thiaw

Préface du Général de Corps d'Armée Pathé Seck - Postface du Général de brigade Paul Ndiaye

La sauvegarde des intérêts vitaux d'un pays s'exprime au quotidien dans le travail des composantes de l'État, garant au premier chef de la Sécurité Nationale, en rapport avec une pluralité d'acteurs du secteur privé et de divers partenaires internes et étrangers. Dans cette perspective, la protection des activités, ressources, et infrastructures d'importance vitale revêt une importance primordiale dans un monde devenu de plus en plus complexe et qui fait face à des défis sécuritaires multiples. Cet ouvrage pose un jalon utile à la compréhension de cette question prioritaire de Sécurité Nationale et Internationale.

(Coll. Harmattan Sénégal, 100 p., 12,5 euros)

ISBN : 978-2-343-15822-8, EAN EBOOK : 9782140103612

NIAKHAR MÉMOIRES ET PERSPECTIVES

Recherches pluridisciplinaires sur le changement en Afrique

Valérie Delaunay, Alice Desclaux, Cheikh Sokhna

Fondé en 1962 en zone rurale à 150 km de Dakar, l'observatoire de Niakhar est le plus ancien observatoire de population en Afrique encore en activité. Au coeur d'une histoire scientifique et humaine originale, il a permis d'assurer le suivi sanitaire, démographique, social, économique et environnemental de plus de deux générations. En revisitant 50 années de recherche sur le site de Niakhar, cet ouvrage décrit et analyse la construction de cette plate-forme d'observation prospective pluridisciplinaire et propose des pistes d'évolution méthodologique et de gouvernance pour la recherche.

(Coll. Harmattan Sénégal, 536 p., 49 euros)

ISBN : 978-2-343-15671-2, EAN EBOOK : 9782140103551

LA PATTE DU MAL

Roman

Hamidou Bah

La patte du mal relate l'aventure mystérieuse d'un couple qui, au bout de deux années de mariage, peine à avoir un enfant. Safiétou et Souleymane décident de se tourner vers la médecine traditionnelle. Safiétou tombe finalement enceinte. Seulement, huit mois après le début de la grossesse, le couple fait une effroyable découverte qui va plonger leur vie dans un gouffre sans fond. Leur futur bébé aurait été offert en sacrifice bien avant la naissance de sa maman à un djinn centaure venu de l'au-delà. Qui a donc pactisé avec ce diable ? Pourquoi ? Comment faire pour briser ce pacte ?

(Coll. Harmattan Sénégal, 248 p., 22 euros)

ISBN : 978-2-343-15689-7, EAN EBOOK : 9782140102981

NDOUMBÉLANE LA JUNGLE SÉNÉGALAISE

Papa Makhtar Diallo

Ndoumbélane est un condensé des points de vue d'un jeune militant sénégalais indigné sur la situation actuelle du pays. L'auteur tente d'approfondir des thèmes déjà abordés dans l'émission Ndoumbélane qui est diffusée sur la SenTV et dont il est l'un des chroniqueurs, tels que : « Où va la République ? » ; « Les douanes sénégalaises », « L'école sénégalaise, Le foncier au Sénégal », « La violence politique au Sénégal », « L'Assemblée nationale », « Le vote des jeunes », entre autres.

(Coll. Harmattan Sénégal, 150 p., 16 euros)

ISBN : 978-2-343-15379-7, EAN EBOOK : 9782140102851

CHOEUR À COEUR

Poèmes

Khalil Diallo

Choeur à coeur est une invitation à découvrir l'histoire d'une existence guidée par un poème. À travers figures de rhétorique, récits, rythmes et émotions, ce recueil dépeint la condition humaine vue par un quart de siècle de poésie.

(Coll. Harmattan Sénégal, 120 p., 12,5 euros)

ISBN : 978-2-343-15788-7, EAN EBOOK : 9782140102257

Structures éditoriales du groupe L'Harmattan

L'Harmattan Italie
Via degli Artisti, 15
10124 Torino
harmattan.italia@gmail.com

L'Harmattan Hongrie
Kossuth l. u. 14-16.
1053 Budapest
harmattan@harmattan.hu

L'Harmattan Sénégal
10 VDN en face Mermoz
BP 45034 Dakar-Fann
senharmattan@gmail.com

L'Harmattan Cameroun
TSINGA/FECAFOOT
BP 11486 Yaoundé
inkoukam@gmail.com

L'Harmattan Burkina Faso
Achille Somé – tengnule@hotmail.fr

L'Harmattan Guinée
Almamya, rue KA 028 OKB Agency
BP 3470 Conakry
harmattanguinee@yahoo.fr

L'Harmattan RDC
185, avenue Nyangwe
Commune de Lingwala – Kinshasa
matangilamusadila@yahoo.fr

L'Harmattan Congo
67, boulevard Denis-Sassou-N'Guesso
BP 2874 Brazzaville
harmattan.congo@yahoo.fr

L'Harmattan Mali
Sirakoro-Meguetana V31
Bamako
syllaka@yahoo.fr

L'Harmattan Togo
Djidjole – Lomé
Maison Amela
face EPP BATOME
ddamela@aol.com

L'Harmattan Côte d'Ivoire
Résidence Karl – Cité des Arts
Abidjan-Cocody
03 BP 1588 Abidjan
espace_harmattan.ci@hotmail.fr

L'Harmattan Algérie
22, rue Moulay-Mohamed
31000 Oran
info2@harmattan-algerie.com

L'Harmattan Maroc
5, rue Ferrane-Kouicha, Talaâ-Elkbira
Chrableyine, Fès-Médine
30000 Fès
harmattan.maroc@gmail.com

Nos librairies en France

Librairie internationale
16, rue des Écoles – 75005 Paris
librairie.internationale@harmattan.fr
01 40 46 79 11
www.librairieharmattan.com

Lib. sciences humaines & histoire
21, rue des Écoles – 75005 Paris
librairie.sh@harmattan.fr
01 46 34 13 71
www.librairieharmattansh.com

Librairie l'Espace Harmattan
21 bis, rue des Écoles – 75005 Paris
librairie.espace@harmattan.fr
01 43 29 49 42

Lib. Méditerranée & Moyen-Orient
7, rue des Carmes – 75005 Paris
librairie.mediterranee@harmattan.fr
01 43 29 71 15

Librairie Le Lucernaire
53, rue Notre-Dame-des-Champs – 75006 Paris
librairie@lucernaire.fr
01 42 22 67 13

www.ingramcontent.com/pod-product-compliance
Lightning Source LLC
LaVergne TN
LVHW011041061026
849535LV00006B/2109